Hiddensee
Auf den Spuren von Gerhart Hauptmann

Rüdiger Bernhardt

Ellert & Richter Verlag

Inhalt

Gerhart Hauptmanns Spuren

Wo einst nur Sanddorn auf einer flachen Kuppe wuchs und mittendrin ein schlichtes Haus stand – es ist heute der Altbau des Gebäudekomplexes –, ist nun hinter Bäumen versteckt, von Büschen umgeben und geschmückt mit efeuüberwucherten Terrassenmauern „Haus Seedorn“, benannt nach dem Sanddorn, der das Haus ursprünglich umgab. Blumen vom Frühjahr bis zum Herbst, ein stiller Park – geduckt darin liegt das anspruchsvolle Sommerhaus des Nobelpreisträgers, des großen Deutschen und berühmten Dichters Gerhart Hauptmann. Die Dächer leuchten rot zwischen den Zweigen der Bäume, die Terrasse erstrahlt im Licht, durch die Fenster sieht man auf Bücherwände: Gediegenheit ist vielleicht das richtige Wort für dieses Ensemble. Aus dem alten Haus, dem Anbau und dem Kreuzgang, die Gerhart Hauptmann im Winter 1930/31 plante und bauen ließ, ist eine harmonisch wirkende Anlage entstanden. Sie könnte Erinnerungen an das einst mächtige, aber längst vergangene Kloster auf Hiddensee wecken, nach dem der Ort, in dem „Haus Seedorn“ liegt, seinen Namen hat.

Seit 2012 – dem Jahr des 150. Geburtstages des Dichters und dem hundertsten Jahr der Verleihung des Nobelpreises an ihn – empfängt die Gäste im seitlichen Gartenbereich ein Ausstellungs- und Eingangspavillon, der den modernen Ansprüchen an eine Gedenkstätte von Weltruf genügen, gleichzeitig mehr Aufmerksamkeit für Dichter, Leben und Werk bewirken soll und schließlich mit der neuen Präsenz des Eingangsbereiches auch die wirtschaftlichen Anforderungen an das Haus

Im Winter 1930/31 ließ Hauptmann „Haus Seedorn" nach eigenen Vorstellungen umbauen und erweitern.
Vor allem waren es ein großes Arbeitszimmer, die Terrasse und der Weinkeller, darüber der Kreuzgang, die die Erweiterung bestimmten. Der heitere Charakter des Gebäudes und des Gartens ist bis heute erhalten geblieben.

meistern soll. Wie weit der Dichter mit dem leicht und offen gehaltenen Bau einverstanden gewesen wäre, bleibt dahingestellt: Er suchte die Einsamkeit und verhinderte alles, was Kontakt mit Öffentlichkeit und Bevölkerung bedeutete; seinen Besucherkreis bestimmte er selbst. Nur wenigen Menschen wie dem Leiter der Biologischen Station Professor Dr. Fritz Gessner war es gestattet, Gäste oder Inselbesucher dem Dichter vorzustellen, gegen Bezahlung freilich, die der finanziell meist klammen Station trefflich zustatten kamen.

Gerhart Hauptmann suchte den klösterlichen Frieden, der um Haus und Park liegt: Der Geist des Ortes wirkt sich aus. Die täglichen Besucher des Hauses kommen teils in Verehrung für den großen Dichter, teils aus Neugier, auf den Entstehungsort großer Poesie einen Blick werfen zu dürfen. Bekannt sind die Bilder, die Gerhart Hauptmann im Kreuzgang diktierend zeigen. Aber hier herrschten nicht nur große Kunst und geniale Einfälle, sondern auch laute Fröhlichkeit, bacchantische Freuden und Lustbarkeiten. So kommen sie auch aus Sensationslust, hat man doch manche Legende oder Anekdote gehört: der Dichter in Weinlaune, der Dichter und die Frauen, der Dichter als möglicher Reichspräsident 1921, der Dichter als der Mynheer Peeperkorn Thomas Manns, der Dichter in der Franziskanerkutte, in der er begraben wurde, bei Sonnenaufgang, auf der Insel ... Für alles wird man, wenn man sucht, auf Hiddensee, auch im „Haus Seedorn“ Hinweise finden.

Unverändert hat „Haus Seedorn“ die Zeiten überdauert und gehört heute zur Gerhart-Hauptmann-Stiftung Kloster auf Hiddensee, die durch die Großzügigkeit von Gerhart Hauptmanns Schwiegertochter Annalise Hauptmann (1905–2009), der dritten Frau Benvenuto Hauptmanns, nach 1989 entstand, als die Existenz des Hauses durch ausbleibende finanzielle Mittel gefährdet war. Sie stiftete es auch zur Erinnerung an ihren Sohn Arne Gerhart Hauptmann (1932–1992), der Hauptmanns Lieblingsenkel war und an dem er sein ehrgeiziges Ziel, einen neuen Menschen zu bilden, wie er es im Romanfragment „Der neue Christophorus" beschrieben hatte, zu verwirklichen trachtete. Es ist die einzige Wohnstätte Hauptmanns, die auch in ihren Einrichtungen weitgehend unverändert erhalten geblieben ist und Einblicke in das Leben und die Arbeitsweise des Dichters zulässt. Lediglich die Bäume und Sträucher sind inzwischen so gewachsen, dass das Haus kaum mehr zu sehen ist. Der Blick auf den Bodden und das Meer, den Hauptmann noch hatte, ist nur noch zu erahnen.

Hauptmann hatte das Haus 1926 gemietet. Nach einer schweren Bronchitis zog er sich auch in diesem Jahr auf das ihm „seit vier Jahrzehnten liebe Inselchen Hiddensee" zurück, wie er am 22. Juni an Rudolf Pannwitz schrieb, um zu genesen; die Insel enttäuschte ihn nicht. Nach langem Zögern erwarb Hauptmann 1930 das Haus und ließ es erweitern: Der Neubau bestand aus einem großzügigen Arbeits- und einem kleinen Abendzimmer. Verbunden wurden Neubau und Altbau durch einen Kreuzgang, unter dem sich Gerhart Hauptmanns berühmter Weinkeller befindet. Skizzen des Dichters, wie er sich die Neubauten vorstellte, sind vorhanden. Da die Zimmer so erhalten werden, wie sie Hauptmann zuletzt 1943 erlebte, ist wenig Platz für museale Ausstellungen zum literarischen und kulturhistorischen Umfeld Gerhart Hauptmanns vorhanden, die deshalb in der neuen Dauerausstellung im modernen Pavillon zu finden sind, erweitert um Künstler, Schriftsteller und andere Zeitgenossen, die wie Hauptmann die Insel als anregenden Ort für ihr Schaffen nutzten und dabei oft auch den Kontakt zu Hauptmann suchten. Die Räume des „Hauses Seedorn" haben noch jenen Charakter, den Hauptmann prägte und liebte. Selbst die Inschriften an der Wand des Schlafzimmers, in höchster Erregung und Angst, aber auch in der Verantwortung als Dichter in den 1930er-Jahren entstanden, sind zu betrachten. Wenn man dann im Sonnenschein auf der Terrasse sitzt, vielleicht an „Die Insel der Großen Mutter“ denkt, kann es passieren, dass man Gelächter hört. Es sind die Freunde und Bekannten Gerhart Hauptmanns: Fritz Gessner und Elisabeth Jungmann, Erhart Kästner und Asta Nielsen, Hans von Hülsen und Arnold Gustavs, Rudolf G. Binding und Otto Gebühr, Julius Bab und C. F. W. Behl, Carl Zuckmayer und Ernst Toller und Maria Paudler und ... Die Reihe derer, die hier waren, ist schier endlos. Hinzu kämen Bekannte von Hiddensee-Besuchen, ehe „Haus Seedorn“ der Mittelpunkt des Hauptmann'schen Lebens auf der Insel wurde: die Kruses, Thomas Mann und Albert Einstein ...

„Haus Seedorn“ in seiner träumerischen Gediegenheit ist erstes und eindrucksvollstes Beispiel für Gerhart Hauptmanns berühmten Satz: „Hiddensee wurde das geistigste aller deutschen Seebäder.“ Und, so wäre hinzuzufügen, noch ist – jedenfalls in bestimmten Bereichen – diese Geistigkeit mit schöner Natürlichkeit verbunden.

Hiddensee, das bedeutete für Hauptmann nicht nur ersehntes insulares Leben, sondern auch Arbeiten in offener Natur und in der Nähe des Meeres. Die Dokumente sind vielfältig, die Hauptmann unter freiem Himmel arbeitend zeigen. Ein großer Teil seiner Texte ist dort entstanden; Hiddensee bot dafür paradiesische Verhältnisse. Hiddensee, das war für Hauptmann ein Stoff, der elementares Erleben und Inselsehnsucht in sich barg. Damit korrespondiert auch die auf Hiddensee 1923 geschriebene Notiz über den Sanddorn, die Hauptmann am 16. November 1930 in sein Diarium eintrug: „Will man Früchte, so müssen zwei Sträucher nebeneinander stehen, also eine freie Ehe bilden.“

Hauptmann kam zu Schiff in Kloster an. Dabei nutzte er die Schiffsverbindungen von Stralsund – vornehmlich den Dampfer „Caprivi“ – oder ließ sich von Schaprode, wohin er mit dem Auto gebracht wurde, übersetzen. Aber er bekam

Auf sogenannten „Produktivspaziergängen“ notierte sich Gerhart Hauptmann Gedanken, aber auch Formulierungen, die er später im Diktat verwendete, in sein Notizbuch. Eine derartige Arbeitsweise war durch die naturalistische deutsche Bewegung gefördert worden, die sie von Émile Zola übernommen hatte; sie ist auch in Hauptmanns Tagebüchern und Diarien zu finden. Die Aufnahme zeigt den Dichter 1899 am Strand von Hiddensee.

Das Bollwerk in Kloster um 1905: Im Hintergrund sind der „Gasthof Schlieker", in dem Hauptmann 1885 übernachtete, der Torbogen und die alte Schule zu sehen. Hauptmanns Wege nach Hiddensee waren unterschiedlich: Ausgangsorte waren Seehof, Stralsund und Schaprode. Anfangs konnten Besucher oder Einheimische die Fähre zwischen Seehof und der Fährinsel benutzen, die man rufen musste. Auch konnten sich Reisende nach Hiddensee vor der Fährinsel „ausbooten" lassen, um mit einem Boot zur Fährinsel, von dort mit einem Fuhrwerk nach Hiddensee, südlich von Vitte, zu kommen.

Als 1887/88 der Leuchtturm auf der Insel gebaut wurde, benötigte man für die Anfahrt des Materials einen befestigten Hafen und so entstand ein erstes Bollwerk in Kloster, das bis 1904 die einzige Hafenanlage auf der Insel war. 1892 konnte deshalb der Salon- und Postdampfer „Caprivi", der in Gerhart Hauptmanns Fragment „Der Flieger" genannt wird, Kloster in seine Route aufnehmen. Hauptmann fuhr mehrmals mit dem Schiff und war dem Kapitän G. Benzien freundschaftlich verbunden. Aber er nahm auch den Weg über Schaprode, von dort ließ er sich mit einem Motorboot nach Kloster bringen. Einige Male stellte ihm der Regierungspräsident Haussmann den Regierungsdampfer „Blitz" unter Kapitän Louis Heyden zur Verfügung.

auch durch den mit ihm befreundeten Regierungspräsidenten Dr. Haussmann, der für Hauptmanns Leben auf Hiddensee mancherlei Bedeutung erhalten sollte, die Möglichkeit geboten, mit dem Regierungsschiff „Blitz“ zu fahren. Das Schiff „im Flaggenschmuck“ (Asta Nielsen) war nur für ihn, die Familie und das Personal reserviert. Während sich Margarete Hauptmann und das Personal um das Gepäck kümmerten, ging er „mit großen Schritten in der Richtung zu seinem Haus davon“ (Carl Zuckmayer).

Die Gebäude und Orte, die mit Hauptmanns Namen verbunden sind, lassen sich noch finden. Die Wohnstätten haben sich verändert, andere Besitzer bekommen und oft auch ihre frühere Aufgabe verloren. Der 1875 gebaute „Gasthof Schlieker“ am Bollwerk in Kloster ist erhalten, aber kein Gasthof mehr; seit 1955 weist eine Gedenktafel auf Hauptmanns erste Übernachtung auf Hiddensee 1885 hin. 1895 war Margarete Marschalk, die später seine zweite Frau wurde, dort zu Gast. Ein Hinweisschild, dass das Haus kein Museum sei, hält Interessierte ab. Dafür ist das benachbarte Hotel „Dornbusch“ in großer Pracht auferstanden. Dagegen hat das „Hotel zur Ostsee“ in Vitte, dessen älteres Nebengebäude Freeses Gasthof war, in dem Hauptmann 1896 Teile der „Versunkenen Glocke“ diktierte, nach langer Verwitterung eine ungewisse Zukunft, soll abgerissen und als Hotel neu gebaut werden; eine Gedenktafel von 1951 erinnert – noch – an Gerhart Hauptmanns Aufenthalte. Die Pension von Theodor Nehls, der daneben eine Postagentur und einen Kramladen betrieb, in der Nähe des Hafens von Vitte, wurde dann das Logierhaus zur Post, schließlich das Hotel „Zur Post“, wo Hauptmann mit seinen drei Söhnen 1901 wohnte; es ist 1989/90 ausgebrannt.

Die Lietzenburg, die sich der Maler Oskar Kruse (1847–1919) aus der Künstlerfamilie Kruse 1904/05 erbauen ließ, war bis um 1920 ein beliebter Künstlertreffpunkt. Sie erlebt seit

2009 eine Wiedergeburt, nachdem sie nach 1989 zerfiel. Von der Kruse-Erbengemeinschaft verkauft sollen nun Eigentumsferienwohnungen und eine kleine Galerie entstehen. Von 1917 bis 1920 verbrachte Hauptmann, der die Kruses seit den 1880er-Jahren aus Berlin kannte, dort den Sommer, 1918 versuchte er die Lietzenburg zu kaufen. Der Plan scheiterte, weil Kruse dem Dichter einen Zugang zum Strand nicht mitverkaufen wollte. Der Blick zum Strand, bei dem die Bademoden oder die Nacktbadenden mit dem Fernglas zu betrachten waren, ist nicht mehr möglich; dennoch ist der Dachreiter der Lietzenburg nach wie vor als erstes zu sehen, wenn man sich Kloster auf dem Wasser nähert.

Das „Haus am Meer“ der Irene von Sydow, in dem Arnold Gustavs für die Hauptmanns 1921 erstmals die Unterkunft vermittelte und in dem Thomas Mann und Hauptmann 1924 gemeinsam feierten, wurde eine Vogelwarte, die nach 1989 nicht unter Denkmalschutz gestellt, von der Universität Greifswald verkauft und vom Käufer und seiner Familie privat genutzt werden soll. Steigt man von der Höhe des Dornbusches, auf dem das Haus liegt, steil zum Ufer hinunter, erreicht man die Stelle unweit der Hucke, an der Hauptmann und Thomas Mann badeten. Die Badestelle, die die Hauptmanns von „Haus Seedorn“ aus benutzten, liegt etwa hundert Meter weiter südlich, näher am heutigen Heimatmuseum, der einstigen Seenotrettungsstelle, wo Teile von „Gabriel Schillings Flucht“ (1906) spielen. Zwischen diesen beiden Stellen und gegen Vitte hin dürften sich jene rhythmischen Übungen der jungen Mädchen und Frauen um Magda Bauer abgespielt haben, die Gerhart Hauptmann in ihrer Nacktheit faszinierten und zu dem Roman „Die Insel der Großen Mutter“ (1924) anregten.

Nichts mehr ist heute von den Gaststätten und Aufenthaltsorten des „Einsiedlers von Hiddensee“, Alexander Ettenburg (eigentlich: Alexander Friedrich Otto Eggers; 1858–1919), zu

In den ersten Jahren des 20. Jahrhunderts wurde Hiddensee sehr schnell zum bekannten Bad. Während Max Kruse, der Bruder von Oskar Kruse, „Ehre und Anstand“ bei den Bademoden eingehalten sehen wollten, nachdem er die Badenden von der Lietzenburg aus mit dem Fernglas beobachtet hatte, erfreute sich Hauptmann an den „ganz nackten Frauenkörpern“, ohne die er seinen Roman „Die Insel der Großen Mutter“ nicht geschrieben hätte.

Schwedische Bauernschänke: 1888 besuchte Alexander Ettenburg erstmals die Insel und war von ihr so begeistert, dass er zu einem der engagiertesten Werber für sie wurde. Aus einem Erbe war ihm nach manchen Fehlschlägen so viel geblieben, dass er in Grieben ein altes Bauernhaus kaufen konnte. Er baute es zur „Schwedischen Bauernschänke“ um und ließ die Gäste von seiner Freundin Gustel Kollwitz bewirten. Er selbst pachtete auf dem Dornbusch Gelände und errichtete dort sein „Tannhausen“ mit der „Bergwaldschänke“. Nachdem 1910 sein Pachtvertrag nicht erneuert wurde, entstand an dieser Stelle das Hotel „Zum Klausner“.

finden. Er wurde zwar von den Urlaubern als besondere Bekanntschaft angenommen, aber von den Einwohnern wenig geliebt. Sein Wunsch, auf dem Inselfriedhof beigesetzt zu werden, ging nicht in Erfüllung; rechtzeitig ging seine Urne auf dem Weg von Stralsund nach Hiddensee verloren. Von seiner Bekanntschaft mit Hauptmann, dem die Hiddenseer auch keine ausgeprägte Neigung entgegenbrachten, was noch heute in Reden Alteingesessener zu hören ist, wird später zu berichten sein. An der Stelle der von Ettenburg 1898 errichteten „Schwedischen Bauernschänke" in Grieben entstand dann durch Aus- und Umbauten das Restaurant und Logierhaus von Gustel Kollwitz, „Hiddensee", danach 1911 das „Gasthaus Hiddensee". Die Erinnerung an diesen glühenden Verehrer Hiddensees ist heute nahezu vollkommen erloschen, sieht man von den auszugsweisen Nachdrucken im „Hiddensee"-Lesebuch Renate Seydels ab. Heimatbewusste Hiddenseer haben ihm dort einen kleinen Gedenkstein, auf dem seine Lebensdaten stehen, gesetzt, wo man vom Kirchweg in den Wiesenweg zum Hafen abzweigen kann. Ettenburg hat ein interessantes literarisches Werk und mancherlei Bedenkenswertes zu einem natürlichen Leben hinterlassen.

Zu erkennen ist noch der alte Zugang zur Insel, wie ihn Gerhart Hauptmann in „Gabriel Schillings Flucht" beschreibt: Unweit der „Heiderose" führt der Weg durch eine schmale Furt auf die Fährinsel; Huf- und Radspuren zeigen, dass dieser Weg heute noch, wenn auch selten, genommen wird. Von der „Heiderose" aus, in der Hauptmann wahrscheinlich 1910 wohnte und die er kaufen wollte, gelangt man an das Westufer. Hauptmann hat in seinen Tagebüchern und in den ausgeschiedenen Stellen des „Buchs der Leidenschaft" diesen Weg beschrieben: „Wir verließen das Schiff am südlichen Zipfel der Insel und stolperten, hungrig und gierig, die offene See zu sehen, durch das Heidekraut."

Wer sich dem Dichter und seinen Werken mit Interesse und aufmerksam nähert, wird Zeit finden, um an seinem Grab auf dem Friedhof von Kloster, unweit des „Hauses Seedorn", seiner zu gedenken. Eine kleine Tafel auf dem Grab des Dichters weist darauf hin, dass auch seine Frau Margarete, die am 17. Januar 1957 gestorben war, ihre letzte Ruhe dort gefunden hat: Am 6. Juni 1983 wurde ihre Urne beigesetzt. Seit 2009 steht schräg gegenüber eine namenlose Steinurne, in der sich Benvenuto Hauptmanns (1900–1965) sterbliche Überreste befinden.

Die Fischerkirche lag einst „vor dem Klostertore" und ist die letzte der drei Kirchen, die Hiddensee im Mittelalter hatte. Das Grab ist von Hiddensee geprägt: ein Findling – allerdings aus dem Odenwald – als Grabstein; Grass' Fonty („Ein weites Feld") findet ihn „zwar kolossal, aber doch angemessen". Viel Sand, eine Rabatte vom Efeu, der auch die Mauern der Terrasse des Hauses überwuchert. Gerhart Hauptmann bekam ihn 1932 geschenkt. Er stammt vom Landhaus George Washingtons und wurde vom ersten Präsidenten der USA selbst gepflanzt. Auf dem Grabstein steht nur der Name „Gerhart Hauptmann", ein schlichter Hinweis auf jene Unsterblichkeit, die dem Namen zugebilligt wurde. Stein und Name sprechen von der Dauer, die Gerhart Hauptmanns Werk, nicht in seiner Gesamtheit, aber in großen Teilen, aus der Vergangenheit in die Gegenwart und Zukunft getragen hat und tragen wird.

Leben und Werk

Am 15. November 1862 wurde Gerhart Hauptmann zu Ober Salzbrunn (Niederschlesien) im Hotel „Zur Krone“ geboren. Das Hotel gehörte seinem Großvater Carl Ehrenfried Hauptmann, dann dem Vater Robert Hauptmann, und wurde später in „Zur Preußischen Krone“ umbenannt. Am 1. Januar 1863 wurde er auf den Namen Gerhard Johann Robert Hauptmann getauft, noch in Briefen an den Bruder Carl unterschrieb er mit „Gerhard“. Seit 1887 bat er, „Gerhart“ gedruckt zu werden. Seine Vorfahren waren Handwerker, Häusler, Landwirte, Beamte und Kirchenmusikanten. Gerhart Hauptmanns Schulzeit, zuerst in der Dorfschule, dann ab 1874 in der Städtischen Realschule I. Ordnung am Zwinger in Breslau, die schon der Bruder Carl besuchte, war für ihn eine Qual. Im April 1878 ging er, ein befriedigendes Zeugnis in der Hand, mit dem Gefühl eines „entlassenen Sträflings“ von der Schule ab. Gleichzeitig hatte er bereits seine Zuneigung zur Literatur entdeckt, Aufführungen der „Meininger“ – der bis heute berühmten Theatergruppe des Theaterherzogs Georg II. von Sachsen-Meiningen – gesehen und sich selbst an Dichtungen versucht. Hauptmann wurde Landwirtschaftslehrling bei seinem Onkel, zuerst in Lohnig, dann in Lederose. Dort begegnete er den pietistischen Ideen der Herrnhuter Brüdergemeine, die ihn prägten, zumal auch seine erste Frau so dachte. In seinem dramatischen Erfolg „Vor Sonnenaufgang“ (1889) wie in späteren Werken bis zum großen Romanfragment „Der neue Christophorus“ spielt dieses Denken, das er dennoch immer sehr kritisch sah, eine große Rolle.

Die soziale Situation der Eltern verschlechterte sich; sie mussten schließlich Hotel und Grundstück aufgeben. Der junge Hauptmann las, oft angeregt von seinem Bruder Carl, jene Schriften, die das Denken der Zeitgenossen prägten, unter anderem Ludwig Büchners „Kraft und Stoff". Den Beruf des Landwirts gab er aus gesundheitlichen Gründen auf. Er wollte nun Künstler werden und trat 1880 in die Bildhauerklasse der Königlichen Kunst- und Gewerbeschule zu Breslau ein, von der er aber bereits im Januar 1881 „wegen schlechten Betragens und unzureichenden Fleißes" ausgeschlossen wurde. Es blieb aus dieser Zeit ein Freundeskreis, zu dem vor allem die Maler Josef Block, der bis zu seinem Tod 1943 Hauptmanns Freund blieb, und Hugo Ernst Schmidt, er starb bereits 1899 und erstand als Gabriel Schilling in Hauptmanns gleichnamigen Stück wieder auf, gehörten. Block und Hauptmann lernten sich in der Klasse des Malers Bräuer kennen und Block war es, der Hauptmanns literarische Begabung förderte.
Der Bruder Georg hatte sich in Adele Thienemann, die einer reichen Kaufmannsfamilie aus Hohenhaus/Zitzschewig bei Dresden entstammte, verliebt; bei der Hochzeit entdeckte Gerhart seine Zuneigung zu Adeles Schwester Marie Thienemann, mit der er sich am 29. September 1881 heimlich verlobte. Das sichert ihn wirtschaftlich auf lange Zeit. Literarische Arbeiten, darunter das Drama „Germanen und Römer", entstehen. Nachdem Hauptmann ohne Abschluss die Kunstschule verlässt, geht er wie vorher bereits Bruder Carl zum Studium nach Jena. Was sich in Breslau schon vorbereitet hatte, nimmt Gestalt an: Hauptmann wird in einen Kreis einbezogen, der sich der Weltveränderung verschrieben hat. Aus ihm gehen die Ikarier (auch Verein „Pacific") hervor, die einen der Ihren, Alfred Ploetz – ähnlich dem Loth in Hauptmanns „Vor Sonnenaufgang" –, nach Amerika schicken, um zu erkunden, welche Chancen eine ikarische Kolonie, eine

Das Geburtshaus Gerhart Hauptmanns ist das Hotel „Zur Krone", später: „Zur Preußischen Krone". 1877 übergeben die Eltern das Hotel an Hauptmanns Bruder Georg, der es stellvertretend führt, und übernehmen die Bahnhofswirtschaft in Sorgau (später: Nieder Salzbrunn). 1879 wird das Hotel endgültig verkauft.

Der siebzehnjährige Gerhart Hauptmann beendete seine Tätigkeit als Landwirtschaftseleve und versuchte erneut, einen Schulabschluss zu erreichen, der ihm das Studium an der Kunst- und Gewerbeschule in Breslau ermöglichen sollte. Gleichzeitig entstanden die ersten Dichtungen.

sozialistische Gemeinde, hat. An diese Gruppe erinnert sich Hauptmann sein gesamtes Leben: Dem Kreis und seinen „Sieben" widmete er das „Promethidenlos" (1885), er findet sich in „Vor Sonnenaufgang" wieder und wird noch in der nachgelassenen Novelle „Siri" erwähnt, wenn von der Flucht auf eine Farm gesprochen wird.

Carl verlobte sich als Dritter im Bunde 1883 mit der dritten Schwester Martha Thienemann. Gerhart Hauptmann verließ die Universität und begab sich mit Carl auf eine Reise nach Spanien und Italien; auf Capri entstand die zeitlebens wirkende Inselsehnsucht Hauptmanns. Im Herbst 1883 kehrte er nach Italien zurück und ließ sich als Bildhauer in Rom nieder. Die Hoffnungen werden aber enttäuscht, eine Kolossalstatue bricht zusammen; er selbst erkrankt schwer an Typhus und wird von Marie, die nach Italien eilt, gepflegt. Zurückgekehrt nach Deutschland wendete Hauptmann sich nachdrücklicher der Dichtung zu, blieb aber in klassizistischen Themen und Stoffen befangen.

1885 heiratete Hauptmann Marie. Die Hochzeitsreise führte sie nach Rügen. Gerhart, Carl und zwei Freunde fuhren für einen Tag nach Hiddensee; es war ein Besuch, der für Hauptmanns Leben eine entscheidende Bedeutung erlangen sollte. Wieder in Berlin, wohin das junge Paar gezogen war, siedelte man aus gesundheitlichen Gründen – Hauptmann war schwächlich und litt unter „Bluthusten" – nach Erkner über. In den folgenden Jahren wurden die drei Söhne Ivo, Eckart und Klaus geboren.

Literarisch war Hauptmann noch in seinen epigonalen, den klassizistischen Vorbildern nachahmenden Dichtungen befangen. Gleichzeitig hatte sich aber in den 1870er-Jahren die naturalistische Bewegung in Deutschland entwickelt, die den Feldzug durch die Institutionen antrat, um ihre auf soziale Veränderung zielenden Vorstellungen zu verwirklichen. Mitte der 1880er-Jahre hatte sie wesentliche Ziele erreicht: Sie verfügte über Zeitschriften, hatte Gruppen gebildet und eine Fülle theoretischer und literarischer Werke geschaffen. Hauptmann lernte diese Bewegung im Verein „Durch!“ 1887 kennen. Sein Vortrag am 17. Juni 1887 über Georg Büchner, den die Naturalisten bereits seit 1878 kannten – in einer frühnaturalistischen Zeitschrift erschien noch vor der ersten Gesamtausgabe Büchners erstmals der „Woyzeck“ –, war Hauptmanns Einstand im Verein. Das Jahr 1887 brachte der naturalistischen Bewegung einen wesentlichen Durchbruch auf dem Theater, der von der Aufführung der „Gespenster“ des Norwegers Henrik Ibsen am 9. Januar im Residenztheater in Berlin ausging. Die Zeitgenossen stimmten dem Dänen Julius Hoffory zu: „Heut bricht für die deutsche Literatur eine Epoche an.“

Hauptmann war von Ibsen, dessen „Gespenster“ er sah und dem er auch selbst begegnete, fasziniert und zudem mit seinen Novellen „Fasching“ (1887) und „Bahnwärter Thiel“ (1888) an diesem Aufbruch beteiligt. Die Bekanntschaft mit dem Verein „Durch!“, vor allem mit Arno Holz und Johannes Schlaf, ließ ihn naturalistische Methoden kennenlernen wie die detaillierte Beschreibung aller Vorgänge und Situationen, ohne dabei – scheinbar – auf Spannung oder Konflikte zu achten. Eine frühnaturalistische Dramatik entstand mit Werken wie Wolfgang Kirchbachs „Waiblinger“ (1886), John Henry Mackays „Anna Hermsdorf“ (1886), Julius Harts „Der Sumpf“ (1886), Max Halbes „Emporkömmling“ (1887) und Hermann Bahrs „Die neuen Menschen“ (1887). Eine Institution für die naturalistische Dramatik hatte sich mit der Freien Bühne 1889 gebildet, die wiederum mit Ibsens „Gespenster“ eröffnet wurde. Gerhart Hauptmann vereinte die Methoden, die er lernte, mit Themen, die durchweg sozial waren, den sogenannten vierten Stand einbezogen, Reformer in den Mittelpunkt stellten und die Gesellschaft verändern wollten. Er gab so der naturalistischen Dramatik mit dem sozialen

Drama „Vor Sonnenaufgang“ (1889) und der von Skandalen begleiteten Uraufführung in der Freien Bühne ihren Höhepunkt. Hauptmann war durch die Aufführung in der Freien Bühne berühmt geworden und galt nunmehr, in dieser Ausschließlichkeit unberechtigt, auch später zumeist als naturalistischer Dichter, während alle anderen in Vergessenheit gerieten. Dabei war er die Spitze eines Eisbergs, hatte aber intuitiv das richtige Thema zur rechten Zeit mit den wirkungsvollsten Mitteln bearbeitet. Auch wenn er sich bereits in den 1890er-Jahren Märchenstücken wie der „Versunkenen Glocke“ (1896) zuwandte, blieb er der naturalistischen Methode treu: Werke wie „Fuhrmann Henschel“ (1898), „Rose Bernd“ (1903), „Die Ratten“ (1911), „Vor Sonnenuntergang“ (1932) und die erst aus dem Nachlass aufgeführten „Herbert Engelmann“ (1962) und „Christiane Lawrenz“ (1990) belegen das.
In den 1890er-Jahren wohnte Hauptmann gemeinsam mit seinem Bruder Carl in Mittelschreiberhau (Niederschlesien), wo sich die Brüder ein Haus gekauft hatten, in dem Gerhart Hauptmann bis 1898 auch arbeitete. Ehe Streit die Brüder trennte, entstanden hier unter anderem „Kollege Crampton“ (1892) und die gleichbleibend beliebte Komödie „Der Biberpelz“ (1893). Die Umgebung verstärkte neben eigenen Studien die Arbeit an Hauptmanns berühmtestem Stück „Die Weber“. Das Schauspiel über das soziale Elend der schlesischen Weber wurde mehrfach verboten und konnte erst 1893, wiederum durch die Freie Bühne, aufgeführt werden. Als 1894 „Die Weber“ im Deutschen Theater gezeigt wurden, erklärte Kaiser Wilhelm II., er müsse das Gerichtsurteil zur Aufführung akzeptieren, werde aber das Theater nicht wieder betreten. Im April 1895 kündigte er dann schließlich seine Loge. Überhaupt hatte Hauptmann mit dem Kaiserhaus Probleme: Auf Veranlassung des Kronprinzen wurde das „Breslauer Festspiel in deutschen Reimen“ (1913) abgesetzt, weil es

Gerhart Hauptmann in den neunziger Jahren des 19. Jahrhunderts. Von 1889 bis 1900 wurden zwölf Werke von ihm aufgeführt: Mit seinem sozialen Schauspiel „Vor Sonnenaufgang" hatte er 1889 nicht nur einen Bühnenskandal ausgelöst, sondern auch dem deutschen Naturalismus zum Sieg auf der Bühne verholfen. 1892/93 hatten „Die Weber" heftige politische Kontroversen und ein Verbot ausgelöst; 1896 wurde „Die versunkene Glocke" zu einem der erfolgreichsten Stücke Hauptmanns und brachte ihm auch finanzielle Sicherheit.

zu wenig national sei. Wilhelm II. verhinderte nicht nur die Auszeichnung mit dem Schillerpreis, sondern brüskierte Hauptmann mit der Verleihung eines Ordens der niedrigsten Stufe, der IV. Klasse des Roten Adlers (1915). Hauptmann wurde in enger Beziehung zur Sozialdemokratie gesehen, was er mit Recht dementierte, denn er war zeitlebens ein weitgehend unpolitischer Dichter, der allen Festlegungen und Entscheidungen grundsätzlich aus dem Wege ging. Das „Nu jaja! – Nu nee nee!“ des Webers Ansorge aus den „Webern“ ist Ausdruck einer charakterlichen Veranlagung der Unentschiedenheit, die Hauptmann bewusst war – die Tagebücher belegen das – und die er in Form zahlreicher dualer Setzungen – eine davon war der Gegensatz der Wohnorte im Gebirge und auf der Insel, Riesengebirge und Hiddensee, Agnetendorf und Kloster – pflegte.

Das galt auch für die Beziehung zu den Frauen: 1889 hatte er Margarete Marschalk getroffen; sie wurde eine erste Verkörperung der ersehnten Kindfrau und spätestens 1893 seine Geliebte. 1896 befand er sich in solchen Konflikten, dass er sich mit Selbstmordabsichten trug und einen Abschiedsbrief entworfen hatte („... die Qualen unausgleichlicher Conflikte treiben mich in das Ende“). Selbst nach der Scheidung von Marie und der Eheschließung mit Margarete 1904 schwankte er zwischen den beiden Frauen und thematisierte das in seinem Werk: vor allem in den Romanen „Atlantis“ (1912), „Buch der Leidenschaft“ (1930), aus dem ein großer Teil ausgeschieden und erst 1966 unter dem Titel „Neue Leidenschaft“ (auch „Buch der Leidenschaft. Verworfene Fortsetzung“) veröffentlicht wurde, und „Im Wirbel der Berufung“ (1936). Bereits in „Hannele“ (1893, seit 1897 unter dem Titel „Hanneles Himmelfahrt“) hatte er ein Kind zur Hauptfigur gemacht; in der „Versunkenen Glocke“ (1896) war es Rautendelein, „halb Kind, halb Jungfrau“, das ihn beschäftigte.

Auf einer 1899 von Gerhart Hauptmann gekauften Wiese, auf der sich einige Felsen („Steine“) befanden, entstand 1900/01 „Haus Wiesenstein“ im schlesischen Agnetendorf. Der Architekt war Hans Grisebach; Hauptmann hatte Entwürfe beigesteuert und sah in dem Haus die wiedergefundene Heimat. Parallel dazu war Marie Hauptmann, seine erste Frau, mit den drei Söhnen 1900 in ein neues Haus in Dresden-Blasewitz gezogen.

Mit seiner trutzig-wehrhaften Anlage passt „Haus Wiesenstein“ zum Riesengebirge und wirkt gleichzeitig wie ein Gegensatz zum heiter-luftigen „Haus Seedorn“ auf Hiddensee. Auf dem Bild sind außer Hauptmann der Sohn Benvenuto (1900–1965) und der Dackel Manne zu sehen.

1900 wurde Hauptmanns vierter Sohn Benvenuto geboren. Marie, die bereits 1914 starb und den Dichter lebenslang in Schuldgefühle versetzte, zog mit ihren Söhnen in ein neues Haus in Dresden-Blasewitz, Hauptmann 1902 in das neu erbaute „Haus Wiesenstein" im schlesischen Agnetendorf. 1905 lernte er die sechzehnjährige Schauspielerin Ida Orloff kennen, die seinen Wunsch nach einer Kindfrau zu erfüllen schien. Die leidenschaftliche Liebe fand im Sommer 1906 ihr Ende, wirkte aber in zahlreichen Werken nach, am deutlichsten in „Und Pippa tanzt!" (1906), einem der schwierigsten, aber auch schönsten und wichtigsten Werke des Dichters. Wann immer Hauptmann nun dem Gedanken nachging, mit mehreren Frauen leben zu können, trat ein Abbild Ida Orloffs neben Marie und Margarete. Das trifft vor allem für den Roman „Die Insel der Großen Mutter" (1924) und das an Dante geschulte Terzinenepos „Der große Traum" (1942–1964) zu. „Der große Traum", auf Hauptmanns Wunsch mit in das Grab auf Hiddensee gegeben, ist eine der aufschlussreichsten Selbstdarstellungen des Dichters und seiner Schuldgefühle gegenüber Marie, aber auch seiner Beziehungen zu Hiddensee. In Träumen erfuhr er sowohl die Erfüllung seiner Wünsche als auch die Bestätigungen seiner Ängste.

Trotz mancher Fehlschläge, „Florian Geyer" (1896), „Schluck und Jau" (1900) und andere Stücke wurden Misserfolge, war Gerhart Hauptmann berühmt geworden: 1905 erhielt er zum dritten Mal den Grillparzer-Preis, diesmal für den „Armen Heinrich" (1902). Andere Preise folgten. 1906 erschien die erste sechsbändige deutsche Gesamtausgabe, nachdem bereits 1902 eine mehrbändige russische Ausgabe erschienen war. Auf einer Reise nach Griechenland 1907 dachte er über das Urdrama nach und beschrieb Reise und Ideen im „Griechischen Frühling" (1907).

1912 erhielt Hauptmann den Nobelpreis. Im italienischen Kloster Santa Margherita erwarb er im gleichen Jahr seine

1912 erhielt Gerhart Hauptmann den Nobelpreis. Bereits 1902 war er zum ersten Mal vorgeschlagen worden; aber es wurde Theodor Mommsen vorgezogen. Hauptmann erschien zu umstürzlerisch, besonders durch seine „Weber“, und das Nobelpreiskomitee vermerkte, dass bei der Premiere Bebel und Liebknecht anwesend gewesen seien. 1906 wurde Hauptmanns Kandidatur erneut betrieben. Erfolgreich wurde sie aber erst, als Hauptmann 1910 mit seinem Roman „Der Narr in Christo Emanuel Quint“ sich als vertraut mit christlichen Themen erwies. Der Nobelpreis für Gerhart Hauptmann – die Medaille befindet sich heute im Gerhart-Hauptmann-Haus in Kloster – bedeutete einen Einschnitt in die Geschichte der Ehrung: Es wurde eine Persönlichkeit ausgezeichnet, die aktuelle und soziale Verhältnisse wie kaum ein anderer Dichter beschrieben hatte.

berühmte Franziskanerkutte, die er bei Meditationen vor Sonnenaufgang trug. Als er sie erstmalig am Sonntag, dem 18. August 1912, anzog, sah er sich als „Mönch der Poesie, ein Mönch mit Flügeln, ein Mönch der inneren Freiheit, ein Mönch der Toleranz". Im Jahre seines 50. Geburtstages wurde er nicht nur ausgezeichnet und gewürdigt, sondern eine umfangreiche Literatur über ihn entstand, Ausgaben in den USA und anderen Ländern erschienen.
Wie viele andere begrüßte Hauptmann den Ersten Weltkrieg zunächst, litt dann aber unter den Zerstörungen und der Preisgabe des Humanismus. Er setzte mit der meisterlichen Novelle „Der Ketzer von Soana" (1918) seinen aus dionysischem Lebensgefühl gespeisten Entwurf voller Sinnlichkeit und Lebensfreude entgegen. Nach dem Ersten Weltkrieg trat Hauptmann wie nie zuvor in das öffentliche Leben ein, vor allem auch als Freund des Wiederaufbau- und Außenministers Walther Rathenau, der 1922 von Rechtsextremisten ermordet wurde. Entsetzt vom Krieg, glaubte er in der Weimarer Republik eine Zukunft für das deutsche Volk zu finden. Als er 1921 aufgefordert wurde, für das Amt des Reichspräsidenten zu kandidieren, dementierte er entstehende Gerüchte unter Berufung auf seine literarische Wirksamkeit. Doch seine Meinung war durchaus – ganz seiner charakterlichen Beschaffenheit entsprechend – zwiespältig: 1923 vertraute er dem Tagebuch an: „Ich fürchte, ich muss Präsident werden, wenn der kluge und in seiner Art große Ebert sein Werk getan hat." Gleichzeitig aber bekamen die Jahre immer deutlicher einen wiederkehrenden Ablauf, der von Aufenthalten in Agnetendorf, Hiddensee und Rapallo bestimmt war. Seit 1940 konzentrierte sich Hauptmanns Leben weitgehend auf Agnetendorf.
Noch 1926 hatte es Hauptmann abgelehnt, in die Sektion für Dichtkunst der Preußischen Akademie einzutreten; er beharrte auf seiner Stellung als unabhängiger Dichter. 1928

Hauptmann hatte 1912 aus Verehrung für den heiligen Franziskus im Kloster Santa Margherita eine Franziskanerkutte erworben. Er trug sie vor allem beim morgendlichen Meditieren, fiel aber auch den Inselbewohnern auf, wenn sie ihm am Strand in der Kutte begegneten. Seinem Wunsch gemäß wurde Gerhart Hauptmann in dieser Kutte auf Hiddensee beerdigt. Möglicherweise hat der Einsiedler und Sonderling Alexander Ettenburg, in dessen Todesjahr 1919 die Aufnahme entstand, Hauptmann angeregt, denn auch er wanderte schon um die Jahrhundertwende in einer Kutte über die Insel.

willigte er schließlich ein. Höhepunkt des an Ehrungen und Veröffentlichungen reichen Jahres 1932 wurde die Vortragsreise anlässlich des 100. Todestages Goethes durch die USA. Beim Anbruch des Dritten Reichs sah er zuerst seine Zeit, die er auf die Jahre 1871 bis 1933 datierte, für beendet an. Er unterließ öffentliche Stellungnahmen gegen die Nazis, hatte ihnen aber schon in „Vor Sonnenuntergang“ (1932) eine Absage erteilt, die indessen von Fassung zu Fassung vorsichtiger wurde, je näher der Text der Veröffentlichung kam. Auch das entsprach Hauptmanns Unentschiedenheit. Außenpolitischen Maßnahmen der Nazis, dem Austritt aus dem Völkerbund beispielsweise, stimmte er zu. Sein umstrittenes und oft diskutiertes Verhältnis zu den Nationalsozialisten war von jener Unentschiedenheit geprägt, die sein ganzes Leben bestimmte. Einerseits waren sie ihm wegen ihrer Brutalität und ihrer Geistlosigkeit zuwider, andererseits ging er den Auseinandersetzungen aus dem Wege und nahm auch die Ehrungen, etwa zum 80. Geburtstag, entgegen. Einerseits ließ er sich von Propagandaminister Joseph Goebbels empfangen, andererseits ordnete dieser an, anlässlich des Geburtstages an den deutschen Bühnen nur je eine Neuinszenierung (mit Ausnahme der „Weber“) herauszubringen; lediglich in Breslau wurde ein Aufführungszyklus erlaubt. Und schließlich nahm er den vom ehemaligen Reichsjugendführer, dem Reichsstatthalter von Wien, Baldur von Schirach überreichten Ehrenring der Stadt Wien entgegen, soll danach aber zu seinem Sohn Ivo gesagt haben, er könnte über Auszeichnung und Feier kotzen. Dem steht entgegen, dass Hauptmann im Februar 1944 voller Begeisterung über diesen Ring war und ins Tagebuch schrieb: „Ich habe den Ring von Wien an der rechten Hand: Ich denke an das Liebe und Schöne dortselbst.“ (Hs 11c, 51v; 12. Februar 1944)
In kurzer Zeit entstand das große Alterswerk „Die Atridentetralogie“ (1940–1944 „Iphigenie in Delphi“, „Iphigenie in

Zum 80. Geburtstag wurde Gerhart Hauptmann umfänglich gefeiert. Neben einer siebzehnbändigen Gesamtausgabe seiner Werke gab es Festwochen und Gratulationen im Reich. Festakte fanden in Breslau und Wien statt. Am 17. November wurde im Wiener Burgtheater Hauptmanns „Florian Geyer" aufgeführt mit Ewald Balser in der Titelrolle. Im Foyer wurden eine Hauptmann-Büste von Fritz Behn enthüllt und eine von Professor Joseph Gregor gestaltete Ausstellung eröffnet. Höhepunkt der Geburtstagsfeiern war die Überreichung des Ehrenringes der Stadt Wien (heute im Gerhart-Hauptmann-Haus in Kloster) durch den Reichsstatthalter Baldur von Schirach.

Aulis", „Agamemnons Tod" und „Elektra"). Hauptmann war oft mit Goethe verglichen worden und hatte diese Ähnlichkeit auch gepflegt, von Margarete nachdrücklich unterstützt. Auch Themen Goethes hatte er seit seiner italienischen Reise 1896 mehrfach aufgenommen. Ein Höhepunkt wurde die fiktive Begegnung mit dem Dichter in der Novelle „Mignon" (1943, veröffentlicht 1947), die gleichzeitig den Pippa-Komplex abschloss und zusätzlich Hauptmanns Bekannte Peter Hille als Harfner, der auch im Roman „Der Narr in Christo Emanuel Quint" als Peter Hullenkamp auftrat, und Else Lasker-Schüler, die in besagtem Roman Hullenkamps Freundin Annette von Rhyn war, als Ada porträtierte. Die Atridentetralogie nahm einerseits Goethes „Iphigenie auf Tauris" wieder auf, setzte aber der idealen Humanität des Klassikers das Bild einer blutrünstigen, barbarischen Zeit entgegen, in der Menschenopfer an der Tagesordnung sind. Die Zeitbezüge waren unverkennbar, von Hauptmann aber keineswegs zeitkritisch gemeint, wie man nach dem Ende des Zweiten Weltkrieges zu lesen glaubte. Der Zweite Weltkrieg verhinderte nicht die Fortführung des gewohnten Tages- und Jahreslaufs. Die letzten Arbeiten des greisen Dichters galten dem Romanfragment „Der neue Christophorus", der ebenfalls in die Pippa-Nachfolge gehört. Gleichzeitig stellt er ein großes Vermächtnis dar, das schon auf die neuen Gefahren für die Menschheit, die Atombombe, weist und dennoch von Hoffnung spricht: „Ein fliegender Mensch hatte eine riesige Kugel, mit höllischem Verderben gefüllt, über die Erde ausgeschüttet."

Hauptmann erlebte im Februar 1945 die Bombenangriffe auf Dresden, die ihn tief erschütterten. Der Dichter erholte sich nicht mehr davon. Nach dem Kriegsende schützte ein polnischer Schutzbrief den Dichter und sein „Haus Wiesenstein". Vom 3. bis 6. Oktober 1945 besuchten ihn der Dichter Johan-

nes R. Becher, der Offizier und Journalist Grigorij Weiss, der Schriftsteller Gustav Leuteritz und der Fotograf Chanow, sicherten seine Versorgung und bekamen die Zusage zur Mitarbeit im Kulturbund, in dem heimgekehrte Emigranten und die sowjetische Militäradministration Künstler und Intellektuelle organisieren wollten. Sie erhielten das Manuskript zu den „Neuen Gedichten", die 1946 als letzte Buchpublikation zu Lebzeiten Hauptmanns erschienen.
Am 6. Juni 1946 starb der Dichter in Agnetendorf; er wurde in seiner Franziskanerkutte aufgebahrt. Gerhart Pohl, der den Dichter in seiner letzten Zeit besucht hatte, und Oberst Sokolow sprachen am Sarg. Am 21. Juli 1946 traf der Sonderzug mit Gerhart Hauptmanns Sarg, Margarete Hauptmann, vielen Bekannten und Freunden und dem größten Teil der Einrichtung des „Hauses Wiesenstein" in Berlin ein. Von dort wurde der Sarg nach Stralsund gebracht, wo er am 27. Juli aufgebahrt wurde. Am Sonntag, dem 28. Juli 1946, wurde Gerhart Hauptmann bei Sonnenaufgang auf dem Friedhof von Kloster auf Hiddensee beigesetzt.

Hiddensee Für Gerhart Hauptmann „die Insel"

Nichts am Hiddensee der achtziger Jahre des 19. Jahrhunderts, nichts auf der „elenden Insel", wie sie damals in Reisebeschreibungen genannt wurde, nichts auf dem abgeschiedenen Eiland mit den Fischerhütten ließ, als es Gerhart Hauptmann 1885 erstmals besuchte, vermuten, dass Jahrzehnte später der Dichter sich hier sein Haus bauen und schließlich seine Ruhe finden würde. Als Gerhart Hauptmann hier erstmals an Land ging, war er auch noch kein großer Dichter, und ob er einer werden sollte und wollte, wusste er zu diesem Zeitpunkt selbst nicht. Lieber meldete der Künstler sich, wie in Erkner bei Berlin, wo er sich bald nach seinem Besuch auf Hiddensee eine Wohnung gemietet hatte, bei den Behörden als „Bildhauer" an.

Die Beziehung Hauptmanns zu Hiddensee hat sich langsam entwickelt, sie verlief parallel zum Aufstieg Hiddensees zu einer als besonders schön geltenden und begehrten deutschen Insel, zum „Capri der Ostsee".

Weshalb der Dichter ausgerechnet Hiddensee zu seiner zweiten Heimat machte, war er doch immer auch seiner schlesischen Heimat verbunden, in der er sich sein trutziges „Haus Wiesenstein" bauen ließ, lässt sich ahnen und aus seinen Dichtungen erschließen. Sieht man die Bilder der beiden Häuser in Schlesien und auf Hiddensee nebeneinander, ahnt der Betrachter, was Hauptmann an Hiddensee liebte. Es stehen sich wilde Bergwelt, anschaulich geworden im schroff wirkenden Festungscharakter des „Hauses Wiesenstein", und sanfte Stille der Ebene – von „Haus Seedorn" sah man einst den flachen Teil der Insel, Bodden und Meer vor sich, heute ist der Blick zugewachsen – gegenüber: Gewalt und Frieden, Drohung und Ruhe, Schroffheit und Harmonie, Tosen und Stille, Berg und Ebene. Sicherlich, das trifft nicht für die ganze Insel Hiddensee zu, die durch ihre landschaftlichen Gegensätze so berühmt geworden ist. Aber es stimmt für Hauptmanns Hiddensee, das aus Wiesen, Wasser und Ebene bestand. Schlesien, das Riesengebirge, und Hiddensee, die Ostsee, hatten eine Gemeinsamkeit für Hauptmann. Meer, Schiff und Insel bildeten eine eigene poetische Bildwelt aus, die mit der bereits vorhandenen des Gebirges in spannungsreiche Beziehungen trat.

Am liebsten war dem Dichter das Nebeneinander beider, des vom Menschen geschaffenen Hohen und des natürlichen Flachen: Da ragt ein Signalmast empor gegenüber dem Schuppen einer Rettungsstation „auf der Düne" („Gabriel Schillings Flucht"), auf „Fischmeisters Oye, einer Insel der Ostsee", oder es steht die Burg über dem Meer („Der Flieger") und erscheint als hochgelegene Burg auf der Insel Ithaka („Der Bogen des Odysseus"). Beides sind unverwechselbare Baudenkmäler Hiddensees: Die Rettungsstation auf Fischmeisters Oye ist das Gebäude, in dem sich heute das Heimatmuseum befindet, „Klas Olfers' Gasthaus auf Fischmeisters Oye" ist die getreue Nachbildung des Schlieker'schen Gasthofes, die hoch gelegene Burg ist die Lietzenburg. Diesem Hohen stehen Strand und Meer angriffslustig und vernichtend gegenüber. Die Galionsfigur „eines gestrandeten Schiffes" ist Beispiel dafür. Sie „stellt eine Frau mit bauschigen Röcken dar, deren Kopf zurückgeworfen ist, sodass ihr bleiches Gesicht mit nachtwandlerischem Ausdruck dem Himmel sich darzubieten scheint" („Gabriel Schillings Flucht"). In den Gedichten der Reise nach Rügen und Hiddensee 1885 fanden sich Hohes und Flaches im Bild von Wolken und Meer: „Die Wolke sinket aufs Wasser / und küsset mit

zuckendem Munde / die ringserbleichenden Wogen. / Die Segel senken sich nieder, / die Schiffe kriechen zum Strande / mit seufzenden Rahen und Tauen …"
Hauptmann nutzte die Spannung von Gebirge und Meer als grundsätzlichen Gegensatz in seinen Werken immer wieder. Anlässlich des 50. Jahrestags des ersten Besuchs auf Hiddensee beschrieb er den Eindruck, den der Betrachter von Hiddensee empfing, als den „von Weltabgeschiedenheit und Verlassenheit. Das gab ihm den grandiosen und furchtbaren Ernst unberührter Natur und dem Menschen, der in dieses Antlitz hineinblickte, jene mystische Erschütterung, die mit der Erkenntnis von den Grenzen seines Wesens und der menschlichen Kultur überhaupt verbunden ist". Das ist das Hiddensee Gerhart Hauptmanns. Wie ist es entstanden?
Der Frage ist bisher nicht nachgegangen worden. Falsches ist im Umlauf wie Dorothy C. Farnes „Hauptmann at Hiddensee" (1962), das die Einrichtung und Betreuung des Gerhart-Hauptmann-Hauses fehlerhaft beschreibt und zum Beispiel die Rolle der bis zu ihrem Tode im Dachgeschoss wohnenden Bildhauerin Karla Friedel (1893–1970) überschätzt; aber auch die großen Biografien nahmen sich des Phänomens der Insel bei Gerhart Hauptmann nicht an. Hauptmann hat sein Hiddensee weder erwandert noch in Begegnungen mit Einheimischen erfahren. Sein Hiddensee war die vollständige und dauerhaft angelegte Wiederholung der Eindrücke von Capri: Die stille See, der majestätische Schwan, die volle Scheibe des Mondes, gleitende Boote, besänftigte Wogen und träumende Schiffer; die Attribute, die sich mit der Vorstellung von Insel, Hafen, Fischer und See verbinden, hatten auch auf Gerhart Hauptmann ihre Wirkung. Er fragte nicht, ob sie zuträfen oder sogar kitschig genannt werden müssten. Den Begriff des Kitsches gab es weder für den jungen Mann, der seine ersten Inselerlebnisse auf Capri hinter sich hatte, noch für seine Zeitgenossen. Der Begriff war noch weitgehend unbekannt.

Abendstimmung: Hauptmanns Inselbild, wie es beim Besuch von Capri 1883 entstanden war, war abendlich geprägt. Sein erstes auf Hiddensee entstandenes Werk war das Gedicht „Mondscheinlerche". Die Abende am Meer, wenn die Sonne versinkt, lassen die Gespräche verstummen. Andächtig lauschen die Menschen dem Wellenschlag und träumen sich in einen Zustand, der Gerhart Hauptmann zu seinem Gedicht angeregt haben mag: „Unaufhörlich bläst das Meer / eherne Posaunen ..." Der Sonnenuntergang auf Hiddensee wird in Hauptmanns Werken mehrfach bedichtet.

Aber auch sonst hätte Hauptmann ihn abgelehnt, zu wertvoll waren ihm seine Eindrücke, die nicht von denen anderer Reisender abwichen.

Eines aber unterschied den angehenden Dichter von den vielen anderen Inselbegeisterten: Er besaß bereits das Bild einer idealen Insel, verfügte schon über die Vorstellung eines vollkommenen Eilands. Gerhart Hauptmanns Hiddensee gab es im Kopf des Dichters, bevor er die Insel ein erstes Mal betrat oder ihren Namen kannte. Er wusste, wie seine Insel aussah. Hinweise darauf finden sich im Frühwerk Hauptmanns. Vielleicht hatten erste Zweifel an den eigenen Möglichkeiten mitgewirkt, die Insel zu schaffen, auf der man sich selbst genug ist, ein Gedanke, der sich in vielfacher Gestalt im ausgehenden 19. Jahrhundert findet. Der junge Poet flüchtete sich im Winter 1884/85 in die Maske eines Prometheus, des Schöpfers des Menschen und Kulturbringers in der griechischen Mythologie, mit Namen Selin – eine Umstellung von Insel – und schrieb die Dichtung „Promethidenlos". Sie stand nicht in der Nachfolge von Goethes aufbegehrendem Prometheus, sondern war den utopischen Entwürfen verpflichtet, die die jungen Studenten gemeinsam lasen und diskutierten. Die Freunde Hauptmanns, die Promethiden, waren durchaus auf Weltveränderung aus, litten aber auch an der eigenen Aufgabe. Vorbilder fand er bei Lord Byron und in Siegfried Lipiners (eigentlich Salomo Lipiner, 1856–1911) „Entfesseltem Prometheus" (1876). Möglicherweise hatte der vielseitig Belesene auch Carl Spittelers „Prometheus und Epimetheus" (1880/81) in der Hand gehabt oder mindestens von ihm gehört, von dem verhinderten Bildner, dessen Schöpferwille nicht zum Kunsthandwerk ausreicht. Hauptmanns Insel im „Promethidenlos" war eine Insel der Nacht: „Rings stille Nacht. Des Mondes volle Scheibe / am dunklen Himmel. In des Hafens Flut / verstummt des lauten Tages bunt Getreibe, / es ruht der Schiffer, und die Woge ruht; / dort zieht ein

Schwan mit hellem Silberleibe / und ruft zuzeiten nach der fernen Brut; / auf leichtem Kahne schwimmt Selin indessen / heran, in Träumen welt- und drangvergessen."

Das Werk erschien im Sommer 1885; was sich in dem Poem niederschlug, waren vor allem die Erlebnisse eines längeren Aufenthalts mit dem Bruder Carl im Mai 1883 auf Capri. Aber hinter dem Erlebnis wird die Sehnsucht nach einem insularen Leben deutlich, die Sehnsucht nach Abgeschiedenheit und Einsamkeit, aber auch nach der besonderen Situation des Erlösers und Retters. Als Hauptmann erstmals auf Hiddensee ankam, bedichtete er die nächtliche Landschaft Hiddensees und die Flut, das, was ihn schon auf Capri beeindruckt hatte und was er seither suchte. Die Insel, das war auch die andere Welt, der Gegensatz zur „alten Welt", aus der sich Selin, sich gefesselt fühlend, zu befreien trachtete. Insel, das bedeutete Freiheit für Hauptmann.

Bis heute findet sich für Hiddensee die Bezeichnung „Capri der Ostsee" oder „Capri von Pommern", jüngst erst in Prospekten für den Nationalpark „Vorpommersche Boddenlandschaft". Gerhart Hauptmann hat die Inseln verglichen. In einer ausgeschiedenen Passage vom 27. Juli 1895 aus dem „Buch der Leidenschaft" heißt es, auf Rügen bezogen: „Der Süden hat kaum, wenn ich Capri ausnehme, etwas gleich Verlockendes." Capri, immer wieder Capri, und dann Hiddensee, das waren nicht nur Orte, an denen in Schönheit gelebt werden konnte, sondern auch geistige Refugien von großer Ähnlichkeit, in denen sich der Künstler als Genius, fast gottähnlich fühlen konnte.

Günter Grass lässt seinen Hoftaller in dem Roman „Ein weites Feld", der nicht nur ein Fontane-, sondern teils auch ein Gerhart-Hauptmann-Roman ist, Hiddensee ein „baltisches Capri" nennen. Fonty und seine Frau, denen „das Hauptmannhaus eine vertraute Adresse" war, wohnen „hinter der Villa Seedorn, dem Hauptmannhaus benachbart, ein Gästezimmer mit Kochgelegenheit und wohnlichem Nebenraum ..., gleich hinter den Buchen". Es war der alte Bungalow, der an der Stelle des nach 1990 gebauten Künstlerhäuschen im Garten von „Haus Seedorn" stand und die Gäste aufnahm. Günter Grass hatte eine sehr persönliche Beziehung zu Hiddensee. Ein Grund war seine Neigung zu Gerhart Hauptmann, die er mehrfach ausdrückte, auch in literarischen Entsprechungen. So erinnern Szenen im Roman „Die Blechtrommel" an Werke Hauptmanns: Die Geschichte der Danziger Galionsfigur Niobe ist Hauptmanns Erzählung „Das Meerwunder" ähnlich, bei Oskar Matzeraths Szenen in den Ateliers der Kunstakademie und dem Bild des „Krüppels" als Gekreuzigtem fällt Hauptmanns „Michael Kramer" ein, die zusammenbrechenden Tonentwürfe der Bildhauerklasse kennt man aus Hauptmanns Bildhauerstudium in Rom.

Eine zweite Beziehung zu Hiddensee entstand durch Grass' zweite Ehefrau Ute, eine Hiddenseer Organistin, die die Tochter Dr. Wilhelm Ehrhardts (1905–1973) ist. Ehrhardt war seit 1934 Inselarzt auf Hiddensee und dadurch auch mit Gerhart Hauptmann freundschaftlich bekannt, dessen Spätwerk – die Iphigenien-Stücke – ihn in Bann zogen, er hatte Hauptmanns „Iphigenie in Aulis" kurz nach der Uraufführung im Dezember 1943 in Wien sehen können und fand darin das Schicksal gestaltet, dem er sich ausgesetzt sah.

Erlebnisse eines Einsamen
Der erste Besuch

Am 29. Juli 1885 betrat Gerhart Hauptmann erstmals die Insel Hiddensee, gemeinsam mit dem Bruder Carl und Freunden. Sie übernachteten im bescheidenen, 1875 errichteten „Gasthof Schlieker" in Kloster und trugen sich ins Gästebuch Johann Andreas Schliekers ein. Drei Jahre später, im August 1888, trug sich der Maler Walter Leistikow in das Gästebuch ein, der seit 1889 eng mit Hauptmann befreundet war.

Schlieker, das ist einer der typischen Namen wie Schluck und Gau, die auf der Insel verbreitet sind. Der Friedhof gibt darüber ebenso Auskunft wie Werbeschilder. Gerhart Hauptmann hat den Namen im Titel seines Stücks „Schluck und Jau" (1900) dichterische Dauer geschenkt. Allerdings waren es keine Hiddenseer Fischer mehr, sondern Bettler in einer an Shakespeare orientierten Komödie. Das Stück bekam später energischen Widerspruch von Joseph Goebbels, der die Verfilmung verbot, weil „zwei notorische Trinker, die ich meinem Freunde Himmler zur Einweisung in ein KZ übergeben würde", die Helden seien.

Der erste Aufenthalt auf Hiddensee bietet manche Unklarheit. Schon am 30. Juli 1885 war Gerhart Hauptmann zum Gasthof Schilling auf Arkona weitergereist. Dass Hauptmann von oder über Hiddensee nichts in seine Autobiografie „Das Abenteuer meiner Jugend" aufnahm, hing unter anderem damit zusammen, dass die langgestreckte Insel zu dieser Zeit unbekannt war und im Schatten Rügens stand. Noch um 1900, als andere Seebäder an der Ostsee schon mehr als

10 000 Besucher im Jahr meldeten, waren es auf Hiddensee nur wenige hundert. Im Gästebuch des Gasthauses Schlieker standen 1885 gerade einmal 120 Eintragungen.

Hätte Hauptmann sich mit einem einschlägigen Lexikon, wie es in seinem Arbeitszimmer auf Hiddensee steht, auf seine Reise vorbereiten wollen – er tat es wahrscheinlich nicht –, so wäre er im berühmten Brockhaus auf eine wenig einladende Beschreibung gestoßen: „Insel an der Westküste Rügens, von dem es 1308 durch eine Sturmflut getrennt wurde, ist 18 km lang, ¼ – 3 km breit. H. litt auch 1867 und 1872 durch Sturmfluten. Die höchste Erhebung (70 m) der Insel heißt der Dornbusch. H. hat 6 Ortschaften mit 750 E., in dem Hauptort Kloster Ruinen eines Cistercienserklosters." Vielversprechend klang das nicht, bedeutend auch nicht, allenfalls ließ sich Einsamkeit vermuten, bedrohliche Einsamkeit, denn die genannten Sturmfluten lagen nur wenige Jahre zurück und hatten 1864 die Insel auseinandergebrochen und 1872 Teile der Insel verwüstet. Jedenfalls wurde in der Autobiografie nur der Besuch auf Rügen erwähnt. Da ist die Rede davon, dass Hauptmann und Mary, also Marie Thienemann, die kurz zuvor seine erste Frau geworden war, den heißen Sommer des Jahres 1885 in Göhren auf Rügen verbrachten: „Wir waren fünf heitere Kameraden ..."

Die Hochzeitsreise war wohl auch zur Erholung gedacht, denn der junge Ehemann hatte schon am Hochzeitstag erfahren müssen, dass er in den Augen von anderen keine sonderlich männliche Ausstrahlungskraft hatte. Ein Husarenrittmeister, der während des Hochzeitsessens den Bräutigam sah, verkündete seiner Partnerin lachend: „Der Kerl krepiert ja in den ersten acht Tagen!" Diese Äußerung belastete nicht nur die Feier, sondern war Hauptmann so wesentlich, dass er sie in seine 1937 erschienene Autobiografie aufnahm, wohl um zu demonstrieren, dass sich die Voraussage nicht erfüllt hatte. Neben Carl Hauptmann und seiner Frau Martha aus Zürich

Vom Zisterzienserkloster auf Hiddensee sind nur einzelne steinerne Denkmale wie das des Abtes Runeberg an der Inselkirche vorhanden. Alte Pläne lassen erkennen, dass die Klosterkirche gewaltige Ausmaße hatte. Nur ein Torbogen, der aus dem 18. Jahrhundert stammt und im Zusammenhang mit dem Gut erbaut wurde, lässt das Kloster erahnen: Es war das Eingangstor in den ehemaligen Kloster- und Gutsbereich. Steine der Begrenzungsmauer, wie sie auf dieser Aufnahme von 1892 noch zu sehen sind, sollten für eine Grabstätte Gerhart Hauptmanns am Waldrand verwendet werden. Das wusste der Inselpfarrer Arnold Gustavs zu verhindern.

An den Steilküstenabbrüchen unterhalb des Dornbusches wurden die Gewalt des Meeres und der Stürme besonders eindrucksvoll erlebbar. Seit die Ufer geschützt wurden, hat sich die Veränderung der Insel verlangsamt. Dennoch ist zu beobachten, wie der Nordteil der Insel abgespült und am Bessin und Gellen neu aufgebaut wird.

1864 wurde die Insel südlich von Plogshagen an der schmalsten Stelle überschwemmt und zerrissen. Der Durchbruch vergrößerte sich bis 1866 auf 250 Meter Breite und 7 Meter Tiefe. Bis 1878 wurde ein gepflasterter Steindamm errichtet, der den Zusammenhalt der Insel sicherte.

war auch der Maler Hugo Ernst Schmidt nach Rügen gekommen. Damit seien, so Gerhart Hauptmann, fünf Menschen vereint gewesen „von den Sieben, denen ‚Promethidenlos' gewidmet war". Die „Sieben" waren aber studentische Freunde aus Jena, denen sich ihr Professor Arthur Boethlingk zugesellte. Es sind jene, die „für Wahrheit und Licht" eintraten und sich durch „gewalt'gen Kampfesmut" auszeichneten. Vom „festen Kreis" ist die Rede, vom „Fuß auf einem Gleis". Ihr Abbild in „Promethidenlos" ist Selin, „in Träumen welt- und drangvergessen". An Hauptmanns Erinnerung an den ersten Besuch auf Rügen, kennt man die gerade skizzierten Zusammenhänge, müssen erhebliche Zweifel angemeldet werden. Bedenkt man, mit welchem Nachdruck auf die „Sieben" verwiesen wird, liegt der Gedanke nahe, dass der Aufenthalt auf Rügen und Hiddensee 1885 auch so etwas wie die gemeinsame Erinnerung an die ikarische Idee war – die Insel als die Farm, die andere Gesellschaft. Diese Gemeinsamkeit, die darauf zielte, Deutschland zu verlassen, stand im Gegensatz zu jenen Erlebnissen, die selbst auf Capri gestört hatten, wo Gerhart und Carl Hauptmann ihre „Ansichten über Reformbedürftigkeit der Gesellschaft" konfrontiert sahen mit dem Gehabe der deutschen „Siegernation" und „Siegesstimmung", so Hauptmann im „Abenteuer meiner Jugend".
Sie waren von Göhren auf Rügen aufgebrochen, durchquerten die Insel und kamen mit der Fähre nach Hiddensee. So lautet ein karger Bericht Hauptmanns in einem ausgeschiedenen Teil des fiktiven Tagebuchs „Buch der Leidenschaft". Wo genau sie über den Bodden fuhren, ist nur noch zu vermuten. Noch gab es keinen ständigen Fährverkehr zwischen Rügen und Hiddensee. Also unterstellen wir, es sei der Weg genommen worden, den Hauptmann auch „twee Fruenslüt" in „Gabriel Schillings Flucht", das 1912 uraufgeführte Drama spielt auf Hiddensee, nehmen ließ: „von Breege dröben per Sägelboot", dann mit „de olle Mathias von de Fährinsel mit sinen loahmen

Grauschimmel". Hauptmanns Stück beschreibt das Schicksal seines Freundes Hugo Ernst Schmidt, der sich vor der Geliebten und der Ehefrau auf die Insel rettet und, nachdem die beiden Frauen ihm folgen, dort als Gabriel Schilling stirbt.
Diese Route war ein wesentlicher Zugang zu Hiddensee bis in die neunziger Jahre des 19. Jahrhunderts, wenn man von Stralsund oder von Breege auf Rügen kam und auf die Insel Hiddensee wollte. Erst dann wurde eine Schiffsverbindung von Stralsund nach Hiddensee eingerichtet, zumindest in den Sommermonaten. Man ließ sich vom Dampfer „Hertha" auf dem Kurs Stralsund-Breege in der Höhe der Fährinsel absetzen, „abbooten", um dann mit dem Pferdefuhrwerk durch die Furt zwischen Fährinsel und Hiddensee zu fahren. Am 17. Juli 1887 machte erstmals ein Dampfer, die „Germania", am gerade errichteten Bollwerk von Kloster fest. 1892 nahm der Salon- und Postdampfer „Caprivi", der in Gerhart Hauptmanns Fragment „Der Flieger", das ebenfalls auf Hiddensee spielt, genannt wird, Kloster in seine Route auf.
Die Brüder Hauptmann und ihre Freunde kamen in Kloster an. Wer aber im Gasthof Schlieker in der Nacht vom 29. zum 30. Juli 1885 wohnte, ist bis heute nicht eindeutig. Sicher ist, dass im Gästebuch nacheinander stehen: Gerhart Hauptmann, Berlin; Carl Hauptmann, Zürich; Alfred Lottermoser, Dresden; Hugo Schmidt, Berlin. Wo aber waren die Frauen? Dass Martha und Marie Hauptmann die Reise nach Rügen mitmachten, ist belegt, auch ihre Schwestern Frida und Olga. Aber sie waren nicht auf Hiddensee. Möglicherweise haben die Frauen in Arkona auf die Männer gewartet, die am 30. Juli 1885 dort zu ihnen stießen. Briefe aus der Zeit vor der Reise belegen, dass Hauptmann die Freunde um sich sehen und die Männerfreundschaften pflegen wollte. An den Jugendfreund Max Müller, der an der Reise nicht teilnahm, schrieb er am 20. Juni 1885: „Dass wir nach Göhren gehen, weißt du. Kommst Du vielleicht auch hin? Salzwellen, Meerluft, Ein-

Bei seinem ersten Besuch auf Hiddensee 1885, der anlässlich einer Rügenreise geschah, wohnte Gerhart Hauptmann gemeinsam mit dem Bruder Carl und den Freunden Alfred Lottermoser und Hugo Ernst Schmidt im Gasthof Schlieker. Die Frauen, die die Männer auf der Reise begleiteten, waren nach Arkona auf Rügen vorausgefahren, wo man sich am 30. Juli 1885 wieder traf.

Bereits 1881 hatte sich Gerhart heimlich mit Marie Thienemann verlobt, der Tochter des Wollgroßhändlers Berthold Thienemann; am 5. Mai 1885 heirateten sie in Dresden. Hauptmann hatte ihr zu danken, dass er sich ohne finanzielle Sorgen seiner schriftstellerischen Arbeit widmen konnte. Erst in den 1890er-Jahren konnte die Familie von den Einkünften des Dichters leben.

samkeit. Ich sehne mich unsagbar danach." Das sind die immer wieder auftauchenden Insel-Attribute. Es spricht alles dafür, dass die Frauen die Insel nicht besuchen sollten. Der blutjunge Alfred Lottermoser (1870–1945), der Sohn eines Architekten, war mit von der Partie – er wurde später ein bekannter Kolloidchemiker mit einem eigenen Institut an der TU Dresden –, gehörte zum Freundeskreis Max Müllers (Meos), wurde in Briefen Hauptmanns an Meo genannt und steht im Gästebuch zwischen Carl Hauptmann und Hugo Schmidt. Seine Beziehung zu Gerhart Hauptmann war weniger intensiv als die zu Carl Hauptmann, mit dem ihn naturwissenschaftliche Interessen verbanden, weshalb er Carl auch 1889 in Zürich-Hottingen besuchte.

Auch später hat Gerhart Hauptmann versucht, Hiddensee, im Unterschied zu Rügen, als seine Insel zu erhalten und besonders erotisch-sinnliche Erlebnisse mit Frauen aus den Texten, in denen die Insel auftaucht, fernzuhalten oder auszuklammern. Gabriel Schilling („Gabriel Schillings Flucht") muss erleben, dass Frauen, die ihm auf die Insel folgen, Gefahr bedeuten. Der Roman „Im Wirbel der Berufung" von 1935 gibt Auskunft, dass auf Rügen lustvoller gelebt wurde als auf der „anderen Insel". Während der Drucklegung des „Buchs der Leidenschaft" schied Gerhart Hauptmann die Beschreibungen seiner Besuche mit Margarete Marschalk 1896 und 1897 auf der Insel Hiddensee aus. Auch jene Passagen, in denen er von „Weh" und „Zerrissenheit" spricht, wenn er beim Zusammensein mit der jungen Geliebten Lella (das ist Margarete) an die Aufenthalte mit seiner ersten Frau auf Rügen denkt, wurden gestrichen. In der Endfassung des „Buchs der Leidenschaft" wird Hiddensee schließlich, nach allen Streichungen, nur ein einziges Mal in einem zusammenfassenden Bericht über den Tod des Vaters genannt (3. Oktober 1898): Auf der Insel erfährt der Erzähler von der „Wendung zum Schlimmen" im Zustand des Vaters. In der Erzählung „Siri" wird die

Möglichkeit angedeutet, dass sich Hauptmann mit Ida Orloff auf Hiddensee hätte treffen können, der Hinweis erfolgt beiläufig, die Erzählung wird als Fragment behandelt und von Hauptmann nicht zum Druck freigegeben.
Beim ersten Besuch auf Hiddensee schrieb der Dichter „Mondscheinlerche", eines seiner schönsten Gedichte neben dem späten Gedicht über Hiddensee „Die Insel":

Mondscheinlerche

Von dem Lager heb ich sacht
meine müden Glieder;
eine warme Sommernacht
draußen stärkt sie wieder.

Mondschein liegt um Meer und Land
dämmerig gebreitet;
in den weißen Dünensand
Well' auf Welle gleitet.

Unaufhörlich bläst das Meer
eherne Posaunen;
Roggenfelder, segenschwer,
leise wogend raunen.

Wiesenfläche, Feld und Hain
zaubereinsam schillern;
badend hoch im Mondenschein
Mondscheinlerchen trillern.

Lerche, sprich, was singst du nur
um die Mitternachtsstunde?
Dämmer liegt auf Wald und Flur
und im Wiesengrunde.

Will ich meinen Lobgesang
halb zu Ende bringen,
muss ich Tag und Nächte lang
singen, singen, singen!

Der in dem Gedicht beschriebene Vogel, die Mondscheinlerche, die nachts singt, ist der Sprosser, die nordische Nachtigall, ein unscheinbarer kleiner Vogel von großer Stimmkraft und Melodienfähigkeit, der bei mehreren Dichtern als Lerche bezeichnet wurde. Auffällig ist, dass in dem Gedicht das lyrische Subjekt allein ist und mit keinem Wort Partner erwähnt oder sich nach ihnen sehnt. Das bestätigt die Auffassung, dass die Männer allein auf Hiddensee waren. Die Einsamkeit ist auch die, die der Dichter später in seinen Werken und Tagebüchern oft wünschte. Im „Diarium 1917–1933" beschrieb er unter „Kloster, 16. 7. 19" eine „Mondnacht am Meer". Da stimmt fast alles mit der „Mondscheinlerche" überein, und mit dem, was der Dichter mit Meer und Insel verband: „Nachtfrieden", „Meer ... in einer verlockenden Ruheseligkeit", „Stille und Glanz", „Müdigkeit" und „Ruhe", „Lichtkräfte des Mondes" usw. Als die Hauptmanns im Juni 1933 auf die Insel kommen, hören sie in ihrem Garten einen Sprosser, „die genialste Nachtigall ... Sie weitet die Insel zur Grenzenlosigkeit". (Hs 15, 73r) In dem Drama „Die goldene Harfe", das 1933 bei einem Aufenthalt auf Hiddensee vollendet wurde, ertönt der Hymnus auf die Stunde einer Nacht, die von einem Sprosser geprägt wird: „Wenn er volle Glockentöne hören lässt, denkt man etwa an einen See im Elysium, auf dessen glänzenden Spiegel glänzende Tropfen von den regenfeuchten Flügeln eines Engels herabfallen, der darüberfliegt." C. F. W. Behl, Hauptmanns Gesprächspartner, Freund und „Eckermann", der beim ersten Vortrag der „Goldenen Harfe" am 14. Juli 1933 auf Hiddensee dabei war, wurde vom Text und seinem Schöpfer so stark beeinflusst,

dass er auf dem Heimweg fast Hauptmannsche Vorstellungen hatte:
„Draußen über der Insel, als ich auf dem Heimweg war, hatte der Sternenhimmel seine abertausend Lichter angezündet. Unter dem schwarzen Waldsaum des Dornbuschs stand ... eine große Wolke, in der von Zeit zu Zeit ein helles Leuchten gespenstisch aufflammte. Ich ging wie in einer Verzauberung, und die Musik der goldenen Harfe klang in mir nach. Zuweilen glaubte ich das Lied des Sprossers zu vernehmen, das Hauptmann in der eben gehörten Dichtung lobpreist."
Die Nacht auf der Insel und der Gesang des Sprossers waren entscheidende Erlebnisse Hauptmanns auf Hiddensee. Es waren Erlebnisse eines Einsamen. Hierin fallen das Bild von der Insel, das Hauptmann zu geben suchte, und das gesellige Leben auf der Insel, wie die Hauptmanns es später führten, deutlich auseinander. Der einundsiebzigjährige Dichter veröffentlichte das Gedicht „Mondscheinlerche", das Ergebnis des ersten Besuchs auf Hiddensee, in einem Sonderheft „Hiddensee" der Zeitschrift „Unser Pommerland" (1933, Heft 4/5) und vermerkte, dass er es „im damals einzigen kleinen Gasthäuschen von Gau zu Kloster" geschrieben habe. Gau war Schwiegersohn Schliekers und seit 1897 der Besitzer des Gasthofs Schlieker, der ihm vererbt worden war. Er ließ später, als die kleinen Gasthöfe für die zahlreichen Besucher nicht mehr reichten, das benachbarte Hotel „Dornbusch" errichten. „Von diesem Jahre ab verflocht sich Hiddensee unlöslich in mein Schicksal", fuhr der Dichter fort. Auch hierin erklärt sich, warum Hiddensee in der Autobiografie fehlt: Sie nahm die bis 1889 abgeschlossenen Ereignisse auf, dazu gehörten die Besuche auf Rügen 1885 und 1886; Hiddensee aber blieb bis ans Lebensende des Dichters gegenwärtig.

Die Insel war heimatlich schön
Hauptmanns Aufenthalt bis 1901

Es dauerte, ehe es zur erneuten Begegnung des Dichters mit der Insel kam. Zwar besuchte Margarete Marschalk, die nach der ersten Bekanntschaft 1889 und weiteren Begegnungen mit Hauptmann 1893 seine Geliebte geworden war, 1895 Hiddensee und wohnte ebenfalls im Gasthof Schlieker in Kloster, aber Vermutungen, auch Gerhart Hauptmann könnte mit ihr gereist oder ihr nachgereist sein, werden durch Hauptmann selbst widerlegt. Als er 1896 mit Margarete Hiddensee besuchte und den Aufenthalt später beschrieb, nutzte er das, um sich an die erste Begegnung mit Hiddensee zu erinnern: „Hiddensee, den 8. Juli 1896. Vor etwas zehn Jahren war ich zum ersten Male mit Rauscher hier. Wir waren von Göhren quer über Rügen an den Bodden und dann mittels Fähre herübergekommen. Wir wohnten in Kloster, während wir diesmal in einem Fischerdorfe, Vitte, gelandet sind" (ausgeschieden aus dem „Buch der Leidenschaft"). Rauscher, zuvor auch „Sulzbach" genannt, ist Hugo Ernst Schmidt, der an der ersten Fahrt nach Hiddensee teilgenommen hatte. Verschwunden aus der Aufzählung sind Lottermoser und der Bruder Carl, mit dem sich Gerhart Hauptmann schon in den 1890er-Jahren zerstritten hatte. Die Gründe lagen in Carl Hauptmanns Reizbarkeit und in seiner finanziellen Großzügigkeit, aber auch in ästhetischen und weltanschaulichen Gegensätzen der beiden Dichter, in Carls Schwanken zwischen Wissenschaft und Kunst und nicht zuletzt in der Anfälligkeit des Bruders für weibliche Schönheit, der Gerhart Hauptmann indessen selbst verfiel.

Als Hauptmann die Insel kennenlernte, war Kloster weitgehend ohne alten Wald. Das, was heute vom Inselblick des Dornbuschs aus zu sehen ist, konnte man auch schon damals ausmachen: Bodden und Meer. Im Dreißigjährigen Krieg (1618–1648) wurden die letzten Eichenwälder abgeholzt, und um 1800 schildern Reisende die Insel als nackt und fast baumlos. Nach 1860 begann die Wiederaufforstung, die sich zur Zeit des ersten Besuchs Hauptmanns noch in einem frühen Stadium befand.

Im Gasthof von Freese in Vitte diktierte Gerhart Hauptmann 1896 seiner Geliebten Margarete Marschalk Teile der „Versunkenen Glocke“.

1896 wohnte Gerhart Hauptmann mit Margarete Marschalk in Vitte, im Gasthaus von Franz Freese, später zum „Hotel zur Ostsee“ gehörend. Das Märchenspiel „Die versunkene Glocke“, das in engem Zusammenhang steht mit den dramatischen Fragmenten „Der Mutter Fluch“ und „Helios“, zeigt im Glockengießer Heinrich einen Künstler, der sich zwischen Frau und Geliebter, Magda und Rautendelein, nicht zu entscheiden vermag und deshalb beide verliert. Es ist eines der vielen Beispiele für Hauptmanns Schwanken zwischen Marie, der Ehefrau, und Margarete, der Geliebten. Beiden hat er Teile des Stücks diktiert, Margarete auf Hiddensee. Heinrichs Glocke stürzt beim Transport in das Bergland in einen See und beginnt dort später geheimnisvoll zu läuten, wie eine Glocke der untergegangenen sagenhaften Stadt Vineta. Und da man auf Hiddensee weiß, dass auf dem Gellen, im Süden der Insel, einst eine Kirche war, deren Fundamente im Meer gefunden wurden und die einst vorbeifahrenden Kaufleuten Schutz und Zuflucht gab, ließen sich viele Sagen an den Stoff binden. Für Hauptmann wurde in diesem Jahr die Sage auf Hiddensee lebendig. Der ständige Klang einer Glockenboje ließ ihn Vineta finden: „Jedenfalls klingt dieser Tage, die in gleichmäßig schöner Verzauberung Meer und Insel einhüllen, immerwährendes Läuten an unser Ohr, als würden da draußen in einem versunkenen Vineta Feste gefeiert“ (8. Juli 1896, ausgeschieden aus dem „Buch der Leidenschaft“). Da hatte er seine „Versunkene Glocke“ entdeckt, aber auch die versunkene Stadt aus dem Dramenfragment „Helios“, an dem er ebenfalls arbeitete. Hiddensee als Vineta oder Atlantis, das gehörte zu Hauptmanns Bild der Insel und wurde immer wieder beschrieben. Im Fragment „Der Flieger“ warnen die „Glocken von det versunkene Vineta“ vor außergewöhnlichen Ereignissen, wie der Maler Krell erzählt. Krell, ein Abbild Oskar Kruses, verweist auf seinen Gast, den Professor für Archäologie Schadow, der diese Legende aufge-

bracht habe: „Ich meine die Glockenboje, Professor, Sie haben det ufjebracht."
Der Dichter blieb der Insel treu. Auch 1897 bis 1899 war er regelmäßig Gast. 1897 begleitete ihn sein Neffe Peter (1883–1917), Sohn des ältesten Bruders Georg Hauptmann und Adeles, geborene Thienemann. Mit ihm besuchte er am 20. und 21. Juli 1897 den Leuchtturm. Hauptmann interessierten die Vögel, die sich „an dem dicken Glas der Laterne zerschmettern". Im Übrigen bildete sich zunehmend Hauptmanns Hiddensee-Bild heraus, der Entwurf im Kopf wurde mehr und mehr bestätigt: „Die Lerchen sind Hiddensee treu geblieben, sie singen trotz grauer Regentrübe überall und eifrig. Die Sonne hat auch schon gestern ein Schauspiel gegeben. Perlmutterglänzend das Meer, und ihre Lichtströme weich und himbeerfarben aus dem Unsichtbaren dahinter hervor. Dazu im Westen, hinter der alten Windmühle, ganz auf dem Rasen scheinbar ruhend, der blass-aufsteigende Mond. Es ist überall das alte, liebe Bild: Grasfläche, die Fischerdörfchen mit gemütlichen Strohdächern und weißgetünchten Mauern, die blonden Mammutgestalten der Fischer in blauen Leinwandkitteln." Und immer wieder beeindruckten Hauptmann die „Lerchen", die doch Sprosser waren: „Warum singt denn die Lerche immer, immer und immer?"
1898 konnte Hauptmann nur vier Tage auf Hiddensee sein, da ihn die Nachricht zurückrief, dass sein Vater im Sterben liege. Dabei hatte ihn gerade diesmal seine Insel besonders fasziniert: „Die Insel war so wunderbar heimatlich schön wie noch nie zuvor. Als wir die grüne Tafel der Wiesen betraten, die sich so weit dehnt, jauchzten wir. Ich rannte und sprang und fühlte mich göttlich leicht. Der Dampfer trug uns durch Brackwasser. Nun suchten wir, inbrünstig und sehnsüchtig, über Wiesen und Dünenhügel, durchs Heidekraut stolpernd, das Meer."
Auffallend ist, dass Hauptmann die Insel immer als flaches Eiland sah und den Norden der Insel nicht zu bemerken

Ursprünglich stand die zum Kloster gehörende Mühle in Kloster auf dem Mühlenberg, der heute noch im „Mühlbergweg" erhalten blieb. An ihrer Stelle befindet sich heute das Hotel „Dornbusch". 1860 ordnete das Kloster zum Heiligen Geist das Mühlenwesen neu und die Mühle aus Kloster wurde nach Vittes Süden verlegt. Es entstand der Mühlenhof. Hinzu kam eine private Mühle in Vittes Norden, die 1905 abbrannte und an deren Stelle noch die flügellose Anlage steht.

schien. Der Besuch löste Ideen zu dem Stück „Veland" aus: Das Drama über Wieland, den Schmied, wurde begonnen. Begleitet wurde er ein letztes Mal von Hugo Ernst Schmidt, dem Freund aus Breslau und Berlin, dem Begleiter von 1895, der 1899 starb und als Gabriel Schilling auferstand.

Eine entscheidende, weil überaus intensive Begegnung mit Hiddensee fand 1899 statt. Als Hauptmann Mitte August mit Margarete Marschalk auf der Insel eintraf, fand er den Boden „ausgebrannt wie selten" vor; gerade in der Ärmlichkeit sah er die Schönheit: „Ich liebe alle die Hungerblümchen, die in ihrer Armut so überaus lieblich sind." Besinnlichkeit, Wehmut und intensive Arbeit bestimmten die Wochen auf Hiddensee. Aber auch Freunde traf er: Robert Kahn, den Pianisten und Komponisten, der in Berlin lehrte, und dessen Bruder Paul. Das Tagebuch quillt über von Einfällen, Ansätzen und poetischen Formulierungen, deren schönste ist: „Schimmernd durch die langen Nächte / sternenschleier-überkrönet / schläft das Meer und atmet ruhig." Hier stellt sich bei Hauptmann der sonst ungewohnte Stabreim (schimmernd, stern, schläft) ein und entspricht dem Anlass, selbst das Geräusch des Meeres noch nachahmend. Das wichtigste literarische Erlebnis Hauptmanns wurden die Gedichte Annette von Droste-Hülshoffs (1797–1848), die er abends vorlas und in ihrer Bedeutung neben Shakespeare stellte. Mag sein, dass hier Hauptmanns Begegnungen mit Peter Hille (1854–1904) um die Jahrhundertwende nachwirkten, der, Landsmann der Poetin und selbst Dichter, unermüdlich das hohe Lied der Droste sang, sich aber 1900 auch nachdrücklich für Hauptmanns „Schluck und Jau" einsetzte und in dieser Zeit, vermittelt durch Else Lasker-Schüler, dem Dichter begegnete, der ihn auch finanziell unterstützte.

Für das eigene Werk entstand „das erste, sehr umfassende Grundschema für die Nibelungen" (28. August 1899), „In drei Teilen und einem Vorspiel. Jeder Teil zu fünf Akten", beginnend in der „Nibelungenfeste in der Mark zu Norweg". Wer

1901 wohnte Gerhart Hauptmann mit Margarete und Otto Mueller in der Pension von Theodor Nehls in Vitte, dem späteren „Logierhaus zur Post“. Die drei Söhne aus der Ehe mit Marie besuchten ihn dort: Ivo, Eckart und Klaus. Im Tagebuch notierte Hauptmann am 20. Juli 1901: „Hiddensöe. Jungens kommen. Grete abgereist.“

wollte da nicht an die Abgeschiedenheit Hiddensees denken? Am 31. August 1899 schrieb er von Hiddensee an seine Frau Marie, die in einem anderen Seebad weilte, einen Brief mit Ratschlägen, wie man sich an der See verhalte: „Die ersten Tage bade keinesfalls. Hernach höchstens einen Tag über den Andern bei warmem Wetter und Neigung fürs Bad. So! – Ferner: sei vom zweiten und dritten Tage an viel, sehr viel am Strand; dicht am Wasser mache Deine Spaziergänge, dort ist die Luft am meisten stärkend.“ Und schließlich teilte er mit: „Einen gewaltigen Plan habe ich hier festgelegt. Die Nibelungen in drei Teilen. Aber davon Hand auf den Mund, Mausel! Denn das soll mal wirklich eine Überraschung werden für die deutsche Kunstwelt.“ 1901 wohnte der Dichter mit dem Maler Otto Mueller (1874–1930), dem „Zigeunermüller“ – er wuchs bei einer Tante Gerhart Hauptmanns auf und wurde deshalb oft als Verwandter angeführt – , in der Pension von Theodor Nehls in Vitte, dem späteren „Logierhaus zur Post“, schließlich „Hotel zur Post“. Ihn besuchten seine Söhne aus erster Ehe Ivo, Eckart und Klaus. Das Tagebuch vermerkte unter dem 20. Juli 1901 lapidar: „Jungens kommen. Grete abgereist.“ Es blieb der einzige Eintrag über den Aufenthalt. Die Beziehung der Söhne aus erster Ehe zu Margarete Marschalk war anfangs weitgehend vernünftig und verschlechterte sich erst nach der Geburt Benvenuto Marschalks 1900. Vermutlich in diesem Jahr hatte sich auch der Wunsch Gerhart Hauptmanns gefestigt, ein eigenes Haus auf Hiddensee zu besitzen. Es sollte wohl die Pension „Heiderose“ zwischen Vitte und Neuendorf sein, in der Hauptmann ein Heim für alte Schriftsteller und ein Sommerhaus für sich einzurichten gedachte. Indessen konnte auch der Hauptmann-Forscher Gustav Erdmann die Angaben nicht endgültig sichern. Den Vater des Besitzers der „Heiderose“ Paul Krüger, den Lehrer Friedrich Krüger aus Neuendorf, hatte Hauptmann bereits 1899 kennengelernt. Aber der Plan zerschlug sich, die Gründe sind unbekannt.

Seebad und Künstlerkolonie Hiddensee
Die Aufenthalte nach 1901

1901 war „Haus Wiesenstein" im schlesischen Agnetendorf fertig geworden, 1904 wurde Hauptmann von Marie geschieden und heiratete Margarete Marschalk. 1906 kam die kurze, wilde Liebe zu der Schauspielerin Ida Orloff; aber die unberührte Kindfrau entpuppte sich als liebeserfahren und stürzte den Dichter in Zweifel und Verzweiflung. Hiddensee trat zurück; der Dichter besuchte die Insel über Jahre nicht mehr. Dafür hatte sich Gerhart Hauptmanns Neigung zu Hiddensee in literarischen Kreisen herumgesprochen, zumal Bekannte des Dichters von der Insel berichteten. So hatte auch Peter Hille (1854–1904) davon erfahren, der mit Else Lasker-Schüler um die Jahrhundertwende näher mit Hauptmann bekannt geworden war. Anna Hertwig, eine „Berühmtheitenphotographin", wie Peter Hille sie nannte, hatte die Insel Hiddensee besucht und verkündete deren Ruhm. Sie schenkte im Mai 1903 Peter Hille Fotos von Gerhart Hauptmann, Max Halbe und Johannes Schlaf, auch von der Insel. Peter Hille besuchte 1903 Rügen und machte sich von dort aus auf den Weg, um Hiddensee zu erkunden und vielleicht Hauptmann zu treffen. Von Breege fuhr Hille mit dem Dampfer – „Um halb acht früh fuhr der Dampfer von Breege ab." – nach Kloster auf Hiddensee. Seit 1892 hatte Kloster eine Kaimauer, an der die Dampfer anlegen konnten.

In einem heute verschollenen Manuskript berichtete Hille über Hauptmanns „Lieblingsaufenthalt", sah die Insel als Bollwerk gegen Sturmfluten, trug Mitteilungen über Hiddensee zusammen, aber Gerhart Hauptmann traf er in diesem Jahr 1903 nicht an. Zurück auf der Halbinsel Wittow begeisterte der Sonnenuntergang auf Hiddensee Hille zu schönsten Schilderungen in einem Brief vom Juli 1903 an die Brüder Heinrich und Julius Hart und der wie ein warnender Schattenriss gegen den Sonnenuntergang stehende Leuchtturm auf Hiddensee erschien ihm wie ein Sinnbild baldigen Todes.

Bei der Veröffentlichung der „Tagebücher 1906–1913“ ergab sich, dass Hauptmann nicht erst, wie bisher angenommen, 1916 nach Hiddensee zurückkehrte, sondern möglicherweise auch 1910 auf Hiddensee war, sicher nur kurz. Vielleicht war es der Aufenthalt, über den es Gerüchte gibt und über den sich später der schon erwähnte Forscher Gustav Erdmann und der Besitzer der „Heiderose“ Paul Krüger nicht einigen konnten: Er soll nach 1903 und lange vor 1916 gewesen sein, und möglicherweise habe da Hauptmann auch in der „Heiderose“ gewohnt.

Hauptmann hatte bereits in den 1890er-Jahren Sorge um sein Hiddensee. In einem Brief vom 26. August 1899 an Otto Brahm, nur im Auszug aus einem Antiquariatskatalog bekannt, schrieb er, während er in Vitte am „Armen Heinrich“ und „einem possenhaften Lustspiel“ („Schluck und Jau“) arbeitete: Hiddensee sei „eins der lieblichsten Eilande, nur stille, stille, dass es nicht etwa ein Weltbad werde“. In „Gabriel Schillings Flucht“ sagt Professor Ottfried Mäurer, der Bildhauer und Radierer mit Zügen Max Klingers (1857–1920): „Diese Klarheit! Dieses stumme und mächtige Strömen des Lichtes! Dazu die Freiheit im Wandern über die pfadlose Grastafel. Dazu der Salzgeschmack auf den Lippen. Das geradezu bis zu Tränen erschütternde Brausen der See ...“ Und die Violinistin Lucie Heil, begeistert von der Droste, befürchtet im gleichen Stück: „Es wäre gar nicht gut, wenn die Insel bekannt würde; dann käme erstmal das ganze Großstadtgewimmel darüber hereingebrochen, dann wär’s mit ihrer Schönheit wohl aus.“

Eine Tagebucheintragung legt nahe, dass Hauptmann 1910 auf der Insel war. Das „Gasthaus zur Heiderose" war möglicherweise 1910 sein Aufenthaltsort; er wollte die Pension von Paul Krüger kaufen, um darin ein Heim für alte Schriftsteller und für sich ein Sommerhaus einzurichten. Der Kauf kam nicht zustande.

„Gabriel Schillings Flucht" spielt um 1900; als es 1905 bis 1906 entstand, waren die Befürchtungen zum Teil Wirklichkeit geworden. 1910 war Hiddensee berühmt: In Kloster und Vitte standen moderne Gasthöfe und Hotels; die Insel war inzwischen gut zu erreichen und galt als Ort der Künstler. Adolf Wilbrandts Roman „Hiddensee" (1910) und Konrad Maß' Roman „Zum Licht" (1910) taten ein Übriges: „Hiddensee ist in Mode gekommen; es ist guter Ton, hierher zu gondeln oder wenigstens hier gewesen zu sein", hieß es in Wilbrandts Roman. Die Zahl der Badegäste ging nun in die Tausende, Tagesbesucher nicht mitgezählt. Es war das eingetreten, wovor sich Hauptmann gefürchtet hatte. Er war erschüttert und ernüchtert. Unter dem 20. August 1910 heißt es im Tagebuch: „Scheinbare Irrwege. Hiddensoe. Es ist ein ekelhaft bekrochenes Eiland geworden. Ein dickes Weib hat eine Villa errichtet, und malt frech vor der Tür mit zwei Centnern am Leibe. Fürchterlich! – Wir waren in Heringsdorf – Jahrmarkt – Ein beschmutzter Strand!" Es fallen aber keine Namen. 1907 hatte der Geheimrat Lehmann neben der Scheune der Bäckerei Schwartz in Vitte, die später die „Blaue Scheune" wurde, ein Sommerhaus errichten lassen – das heutige Henni-Lehmann-Haus –, in dem seine kunstbegeisterte Frau Henni Lehmann (1867–1937) malte, dichtete und musizierte. Die Scheune wurde später ebenfalls zum Arbeits- und Ausstellungshaus. Um die vielseitige Geheimratswitwe, die sich 1937 das Leben nahm, sie war Jüdin, sammelten sich andere Künstlerinnen, mit denen sie 1922 den „Hiddensoer Künstlerinnenbund" gründete. Vielleicht meinte Hauptmann sie. Zu nachweisbaren Begegnungen mit ihr kam es nicht; soweit es bekannt ist, verlor Hauptmann auch kein Wort über den „Künstlerinnenbund", obwohl die „Blaue Scheune" und der Bund nicht zu übersehen und auch im Leben der Insel präsent waren. Das alles aber entsprach weder seinem Hiddenseebild noch seinen Vorstellungen von Seriosität, zumal

Als noch keine Dampfer nach Hiddensee fuhren, musste man sich vor der Fährinsel „abbooten“ lassen und kam dann per Fuhrwerk von der Fährinsel nach Hiddensee. In Hauptmanns „Gabriel Schillings Flucht“ wird diese Ankunft beschrieben, sodass es nahe liegt, dass Hauptmann 1885 bei seinem ersten Besuch auf der Insel auch diesen Weg nahm.

1907 entstand neben der Scheune der Bäckerei Schwartz in Vitte, die später zur „Blauen Scheune“ wurde, ein Sommerhaus – das heutige Henni-Lehmann-Haus –, in dem die kunstbegeisterte Henni Lehmann (1867–1937) malte, dichtete und musizierte. Sie gründete 1922 den „Hiddensoer Künstlerinnenbund“, zu dem auch Clara Arnheim (1865–1942), Elisabeth Büchsel (1867–1957) und andere gehörten. Malerinnen aus ganz Deutschland suchten die „Blaue Scheune“ auf. Zu nachweisbaren Begegnungen mit Hauptmann kam es nicht; vielmehr mokierte der sich 1910 über „ein dickes Weib“, das vor seiner Villa male. Der Faschismus beendete die Arbeit des Bundes: Henni Lehmann ging wegen ihrer jüdischen Herkunft in den Freitod, Clara Arnheim kam im KZ um. Links Blick in die „Blaue Scheune“.

er von politisch tätigen und emanzipierten Frauen nichts hielt.
Fast mit den gleichen Worten wie das Hiddensee von 1910 beschrieb er 1933 Capri, als er es nach fünfzig Jahren wiedersah: „Das heutige Capri? Ein Rummelplatz. Die Felsen, die Geologie ist ein Fatz. Der Mensch überkriecht eben alles." (Hs 15, 48v)
Seit 1916 war der Dichter bis an sein Lebensende, von wenigen Jahren abgesehen, regelmäßig auf Hiddensee, nur die Aufenthaltsorte wechselten noch mehrfach. Der Wunsch, auf der Insel sesshaft zu werden, wurde intensiver verfolgt. Als er im Spätsommer 1916 in Kloster war und dort bis zum 1. Oktober blieb, begann er mit dem Roman „Die Insel der Großen Mutter", der ohne Hiddensee nicht denkbar wäre. In einer elysischen Landschaft, auf einer Insel der Seligen, versammelte Hauptmann in diesem Roman Frauen, die ihn begeisterten und die nun, durch das Unglück aus ihren Bindungen gerissen, nur die Bindung mit dem Genius, mit Phaon, eingehen können. Hauptmann war stolz und glücklich, wenn er durch seine Freunde, vor allem Arnold Gustavs und Hans von Hülsen, als Genius bezeichnet wurde. Aber Phaon ist noch mehr als ein Genius: Miss Laurence Hobbema, das Abbild Maries im Roman, sieht in ihm Hyperion, den Sohn des Sonnengottes Helios. Auf der Insel hat er alle Frauen für sich und darf mit allen leben, mit allen zeugen, darf ihnen fast ein Gott sein. Die Lebens- und Liebeserfahrungen Hauptmanns und die daraus entstandenen Wünsche wurden auf Phaon übertragen. Er ist schließlich nicht nur der die Handlung treibende lebendige Eros, sondern die Verwirklichung des Traums, sich auf der Insel eine eigene Welt der Liebe zu schaffen. Das alles spielt sich ab auf „einer herrlich und verlassen prangenden, von Gebirgen überhöhten Insel", die zwar in den „südlichen Teil des Stillen Weltmeers" verlegt wird, aber nur wenig verhüllt Hiddensee ist. Die Insel lege sich, so wird beschrieben,

„hufeisenartig um einen weiten Golf, der nur im Westen durch ein schmales Felsentor mit dem Meere verbunden war". Die Verbindungen des Boddens zur See sind schmal, der Teil um Kloster – großzügig gesehen – sieht wie ein Hufeisen aus. Es fällt nicht schwer, zumal wenn man an die „nackten Frauenkörper" denkt, Hiddensee auch als „Île des Dames" zu bezeichnen, Kloster als „Port des Dames", den Dornbusch als „Mont des Dames". Natürlich sind die wirklichen und die literarischen Orte nicht identisch; Hauptmanns Genialität bestand ja darin, aus mehreren Erlebnissen ein literarisches Ereignis, aus mehreren Menschen eine literarische Figur, aus mehreren Orten eine literarische Landschaft entstehen zu lassen. Zu Hiddensee kamen italienische Landschaften, vor allem Capri. Aber will man sich die Insel der Großen Mutter bildlich vorstellen, eignet sich Hiddensee dafür, Hauptmanns Hiddensee: eine schöne, erfüllte und harmonische Landschaft und eine einsame, fast mönchische Abgeschiedenheit, die künstlerische Arbeit ermöglicht.

Dass ihn dabei schöne Frauen faszinierten, war Teil der künstlerischen Arbeit: Das betraf nicht nur die nackten Tänzerinnen am Strand von Hiddensee, sondern auch Besucherinnen auf Hiddensee. Vom 2. bis 4. August 1933 war der Diplomat Oswald Baron von Hoyningen-Huene mit seiner zwanzig Jahre jüngeren Frau Gudrun (1905–1956), Tochter des Großindustriellen Ernst von Borsig, bei Hauptmanns auf der Insel. Sie nahmen an der Lesung des Dramas „Die goldene Harfe" teil, und Hauptmann entwickelte zu „der grazilen Frau mit dem Silberlachen in den folgenden Jahren eine zunehmende romantische Fernliebe" (Sprengel), deren Ergebnis das Gedicht „Gudrun" (1939) war.

Zu seinem Freund Behl bemerkte Hauptmann über die „Insel der Großen Mutter": „Ich hätte sie wohl nie geschrieben, hätte ich nicht jahrelang auf Hiddensee die vielen schönen, oft ganz nackten Frauenkörper gesehen und das Treiben dort beobachtet." Dass sich nach der Jahrhundertwende Hiddensee schnell wandelte und der Badebetrieb zunahm, dass es dabei viele Künstler waren, die auf die Insel kamen, beförderte das ungezwungene Leben, auf das Hauptmann hier anspielt und das in anderen Badeorten noch undenkbar war. Das, was Hauptmann begeisterte, verärgerte andere, denn es gab auch Eingaben an den Landrat, in denen gefordert wurde, das Nacktbaden zu verbieten, um „Ehre und Anstand" zu bewahren. Hauptmanns Freund, der Bildhauer Max Kruse (1854–1942), gehörte zu denen, die sich über die nackten Badegäste am Strand entrüsteten. Er beobachtete mit dem Fernglas von der Terrasse der Lietzenburg aus, wer nicht in korrekter Badebekleidung, also ohne den körperverhüllenden Badeanzug, oder gar nackt erschien, und sorgte dafür, dass bei Verstößen Strafmandate verteilt wurden.

Das Jahr 1917 brachte Hauptmann zwei wesentliche Begegnungen auf Hiddensee: die mit der Lietzenburg, auf der er erstmals wohnte, und die mit dem Inselpfarrer Arnold Gustavs (1875–1956), der seit 1903 die Pfarrstelle in Kloster innehatte, aus der sich eine lange Freundschaft entwickelte, von der später zu berichten sein wird. Die Lietzenburg, ein Bau des deutschen Jugendstils, aber auch geprägt vom englischen Landhaus, hatte sich der Berliner Landschaftsmaler Oskar Kruse (1847–1919), von den Freunden „Onkel Os" genannt, 1904/05 von Otto Wilhelm Spalding und Alfred Grenander bauen lassen; die Bäume um die Burg soll Oskar Kruse selbst gepflanzt haben. Obwohl aus den Bäumen längst ein Wald geworden ist, sieht man die Lietzenburg noch heute von Weitem, wenn man sich mit dem Schiff Kloster nähert. Ihr Name folgte der Lietzenburger Straße in Berlin-Charlottenburg, in der die Kruses ihren festen Wohnsitz hatten. In der dortigen „Lietzenburg zu Berlin" verkehrte auch Hauptmann.

1902 war Oskar Kruse erstmals in Vitte und wohnte im Gasthaus Freese, in dem Hauptmann einige Sommer zuvor sein

Arnold Gustavs (1875–1956) hatte in Greifswald Theologie, auch Altgermanistik studiert. 1903 kam er als Pfarrer nach Kloster und wurde 1948 emeritiert, blieb aber auf der Insel. Er widmete sich auch der Keilschriftforschung und der Erforschung der Frühzeit Hiddensees. Das Bild zeigt ihn an einer prähistorischen Feuerstelle um 1930, die er am Dornbusch ausgegraben hatte. Hauptmann setzte ihm in seinem Werk mehrere Denkmale, u. a. mit der Keilschriftforschung im Epos „Der große Traum“. Die Freundschaft mit Hauptmann geht bis 1917 zurück. Gustavs war für Hauptmann in vielfältiger Form tätig: Er betrieb bei der Gemeinde den Verkauf des „Hauses Seedorn“ an Hauptmann, betreute während der Abwesenheit Hauptmanns den Weinkeller und anderes.

Nur die Inselkirche hat von den drei Kirchen Hiddensees die Zeiten überstanden. Die heutige Kirche geht auf die alte Bauernkirche zurück, die 1332 als „Kirche vor dem Klostertor“ und „Bauernkirche“ von den Mönchen errichtet wurde. Das Gotteshaus auf dem Gellen im Süden Hiddensees bot im Mittelalter den seefahrenden Kaufleuten Schutz. Der Taufstein aus dieser Kirche steht in der heutigen Inselkirche. Eine Hafenanlage gab die Möglichkeit, an Land zu gehen. Nur noch Grundmauern draußen im Meer erinnern daran und lassen Visionen entstehen, so etwa die der untergegangenen Stadt Vineta, die auch Hauptmann beschäftigte. Eine Glockenboje war für Hauptmann der Anlass, an Feste zu glauben, die in seinem Vineta gefeiert würden. Die Klosterkirche ist ebenfalls nicht mehr zu finden, nur Lageskizzen erinnern an sie. Gerhart Hauptmann hatte sich gewünscht, wenn schon eine Beerdigung in Schlesien nach dem Ende des Krieges nicht mehr möglich war, auf Hiddensee seine letzte Ruhe zu finden. Der Freund Arnold Gustavs, Pfarrer von Hiddensee, erfüllte dem Dichter diesen Wunsch.

Quartier genommen hatte. Die Vermutung liegt nahe, dass Hauptmann die Kruses auf Hiddensee hingewiesen hatte. Oskar Kruses Bruder Max, seit 1902 mit der Schauspielerin Käthe Simon (1883–1968) verheiratet, die die Käthe-Kruse-Puppen schuf, hatte 1897 eine berühmt gewordene Holzplastik Hauptmanns geschaffen.
Durch Max Kruse bestand auch eine direkte Beziehung zum Monte Verità und seinen Kolonisten. Seit dem Ausgang des 19. Jahrhunderts wurden in der Landschaft am oberen Lago Maggiore utopische Pläne geschmiedet und große Lebensentwürfe, frei von staatlichen Ordnungen, verwirklicht. Es waren Modelle einer klassenlosen Gesellschaft, in der das Subjekt, besonders das künstlerische, ein Höchstmaß an Freiheit erhalten sollte. Man erstrebte ein in landschaftlicher Schönheit entstehendes Paradies, das der Gegensatz zu einer technisch und zivilisatorisch überlasteten Welt sein sollte. Diese Ideen erlebten 1904 ihren Höhepunkt. Erich Mühsam, mit Peter Hille befreundet und mit Hauptmann bekannt, 1922 Gast des Dichters auf Hiddensee, wollte sogar Land kaufen, um sich dort ständig niederzulassen, hoch auf dem Berg der Wahrheit und Freiheit, mit dem Wissen um die Schönheiten des norditalienischen Tieflands. Gebirge und Tiefland waren für die Künstler nicht nur Landschaften, die mit unterschiedlichen, ja gegensätzlichen geistigen Inhalten versehen wurden, sondern auch Spannungsräume, in denen sich zu leben lohnte. Gerhart Hauptmann kannte durch seine Italienreisen solches Denken. 1904 waren auf dem Monte Verità Gemeinschaftsgebäude errichtet worden; 1905 plante Max Kruse dicht daneben eine Künstlerkolonie. Das, was dort im Ansatz verwirklicht wurde, entstand als Künstlerkolonie auf Hiddensee, im Kreis um „Onkel Os“.
Hauptmann war bei seinem Besuch auf der Insel 1916 entsetzt. Zu seinem Freund Behl sagte er 1932, als er seine Beziehung zu der Insel erklärte: „Ja, als ich nach längerer Unter-

brechung wieder auf die Insel kam und Strandkörbe vorfand, wollte ich eigentlich sofort fliehen!“ Er floh nicht. Vielmehr verstärkte sich der Wunsch, ein eigenes Haus auf Hiddensee zu besitzen. Nachdem er 1917 die Lietzenburg gemietet hatte, hier wurde „Der Ketzer von Soana“ abgeschlossen, ein mit der elysischen Landschaft Hiddensees korrespondierendes Werk, wollte er 1918 das Haus kaufen. Hauptmann hielt sich mit Erica Hauptmann, der Frau seines ältesten Sohns Ivo, und dem Enkel Gerhart auf Hiddensee auf. Oskar Kruse, inzwischen alt und kränklich, war zum Verkauf bereit, „Haus und einen Finger breit Land rings herum“, und Hauptmann hätte auch die geforderten 110 000 Mark gezahlt, wenn Kruse zu dem Haus „einen Landstreifen bis zur See“ (Brief an Arnold Gustavs vom 4. Dezember 1918) hinzugegeben hätte. Aber gerade das lehnte Kruse ab. Oskar Kruse starb 1919 im „Haus am Meer“, wo er wohnte, weil Hauptmann seine Burg gemietet hatte. Während der Inflation 1923 verkauften die Kruses Stück für Stück des Landes und hatten dadurch eine sichere finanzielle Grundlage.

Auch „Haus Seedorn“ und das Kurshaus des heutigen Instituts für Ökologie stehen auf einstigem Besitz der Kruses. Mit Max Kruse bestand eine dauernde und gute Freundschaft, die selbst im Alter erhalten blieb, wie Hauptmanns Dankesbrief nach dem 70. Geburtstag zeigt, nachzulesen bei Gustav Erdmann: „Die Szene im Dachgarten der Lietzenburg zu Berlin – lang, lang ist’s her! – rührt mich einigermaßen. Jene Zeit aber kann ich nicht zurückwünschen. Der Kampf, in dem ich damals gestanden habe, war denn doch allzu schwer.“ Wahrscheinlich ging es in dieser erinnerten Szene um Hauptmanns Schwanken zwischen Bildhauerkunst und Dichtung.

Trotz der Absage Oskar Kruses zum Verkauf des Hauses mietete sich Hauptmann auch 1919 und 1920 auf der Lietzenburg ein. Eine Mondnacht im Juli 1919, ähnlich jener ersten Begegnung mit Hiddensee 1885, wurde zum Ereignis: „Das

Gerhart Hauptmann wollte die Lietzenburg, auf der er zwischen 1917 und 1920 die Sommer verbrachte, 1918 kaufen. Die Summe von 110 000 Mark hätte er bezahlt, wünschte aber einen Landstreifen bis zum Meer. Da ihm dieser verweigert wurde, scheiterte der Kauf.

Meer dehnt sich und glitzert in einer verlockenden Ruhese-ligkeit. Stille und Glanz gewinnen mehr und mehr etwas magisch Betörendes. Eigne Müdigkeit drängt sanft zur Ruhe. Man möchte ins Meer hineingehen und sich willenlos wohlig ihm überlassen. Sind es die Lichtkräfte des Mondes in der selig befriedigten Unendlichkeit der See, die einen sanft-seligen Tod vorspiegeln?" Er fühlte sich als Einsiedler, schrieb „Waldbücher", die für Eremiten gedacht waren und in denen eine Harmonie zwischen Mensch, Natur und Mythischem entwickelt wurde. Auch die Priesterin Laurence Hobbema in der „Insel der Großen Mutter" führt ein solches „Waldbuch" über ihre geistigen Beziehungen.

Emil Orlik (1870–1932), Mitglied der Berliner Secession seit 1908, kam im Sommer 1919 zu Besuch nach Hiddensee und verbrachte die Abende bei den Hauptmanns auf der Lietzenburg, die er „Burg Kruse" nannte; danach schuf er eine Lithografien-Serie (12 Blätter) und widmete sie „Dem Prospero der Insel Gerhart Hauptmann" – der Zauberer Prospero ist die Hauptfigur in Shakespeares auf einer Insel spielendem „Der Sturm". Hauptmann und Theodor Däubler (1876–1934) lernten sich auf der Insel persönlich kennen: Der eine riet Hauptmann zu einem Detektivroman und nannte Edgar Allan Poe als Vorbild, der andere genoss die schönen Abende und den Vortrag aus Hauptmanns „Großem Traum". Däubler und Hauptmann, die sich nach der Bekanntschaft auf Hiddensee mehrfach, auch in Agnetendorf, trafen, fanden sich in der Überlegung, dass Heidentum und Christentum eine höhere Einheit eingehen könnten, ein Gedanke, der Hauptmanns Ideenwelt seit den 1890er-Jahren, vor allem seit der Reise nach Italien prägte. Während aber Däubler in Apollo die Lichtgestalt mittelmeerischer Kultur und Kunst sah, war es für Hauptmann Dionysos. Insofern bildeten die beiden Dichter bei aller Ähnlichkeit einzelner Ideen auch einen spannungsreichen Gegensatz. Hiddensee war der rechte Ort, um

Übereinstimmung und Gegensatz zu spüren; man fühlte sich wie in einer platonischen Akademie.

1921 bemühten sich die Hauptmanns um Unterkunft im „Haus am Meer" in Kloster, seit 1913 als Pension geöffnet. Sie erhielten anfangs keine Nachricht. Pfarrer Gustavs bekam den Auftrag, wie später viele andere, sich zu kümmern, auch ein oder zwei „Fässchen Wein bis zu unserer Ankunft in Ihren Keller zu nehmen. Ich bin leider ein unverbesserlicher Weintrinker" (Brief an Arnold Gustavs vom 31. Mai 1921). Wenn der Wein in späteren Jahren ins „Haus Seedorn" angeliefert wurde, so wusste man auf der Insel, war der Hausherr nicht mehr weit. Die Vermittlung 1921 gelang, und für die Jahre bis 1924 blieb die Pension „Haus am Meer" der Irene von Sydow (nicht zu verwechseln mit Clara von Sydow, die auch Schriftstellerin war, ihr Roman „Einsamkeiten" spielt zu großen Teilen auf der Insel) in den Sommermonaten Hauptmanns Adresse. Die Pension galt als Vorzugsadresse auf Hiddensee. Große Namen sind mit dem „Haus am Meer" verbunden: Albert Einstein, der in den 1920er-Jahren Kloster besuchte, im „Haus am Meer" zum Kaffee erschien und mit Hauptmann bekannt war, Thomas Mann mit Familie, Käthe Kollwitz, Friedrich Hollaender, der Hauptmann-Biograf Hans von Hülsen ... Die „goldenen Zwanziger" waren eine besondere Zeit für Hiddensee, eine eigene Kulturgeschichte der Insel ließe sich schreiben: Unter den Gästen waren Ernst Barlach, Lion Feuchtwanger, Sigmund Freud, Eduard von Winterstein, Gustaf Gründgens ... Auch hier müssen wenige Namen für ein Ensemble stehen. Zur gleichen Zeit war auch Walter Trier (1890–1951), der Gerhart Hauptmann mehrfach karikiert und gezeichnet hatte, auf Hiddensee und hielt sich im „Wieseneck" auf.

Zu der Zeit, als Hauptmann sich um den Aufenthalt bemühte, war Frau von Sydow mit dem Stralsunder Buchhändler Heinrich Buksch verheiratet, nahm aber später ihren

Hotel-Pension **Haus am Meer** (von Sydow)
Ostseebad Kloster auf Hiddensee (über Stralsund)
Fernruf Amt Vitte 10 — Telegr.-Adr.: Sydow Kloster-Hiddensee

Am Wald und hoch über dem Badestrand gelegen
Schönste Aussicht über Meer und Insel • Die Grundstücksgrenze ist unmittelbar der Ostseestrand. • Sportspiele auf grüner Wiese am Waldrand. • Grosse, modern eingerichtete Zimmer. • Gute Betten. • Warmwasserheizung: W. C.
Grosse Speiseveranda (gespeist wird an kleinen Tischen.) • Loggia, Gesellschaftsräume. • Musikzimmer, Wohn- und Schreibzimmer, Wohndiele

Café • Restaurant
Bekannt gute Verpflegung! Hausprospekt.

Eselfuhrwerk am Dampfer

Das „Haus am Meer“ der Irene von Sydow wurde zur Stätte denkwürdiger Begegnungen zwischen den Familien Thomas Manns und Gerhart Hauptmanns. Nach den bacchantischen Feiern, die 1924 in diesem Haus stattgefunden haben, wünschte sich Hauptmann doch einen ruhigeren Ort. Er fand ihn mit „Haus Seedorn“. Thomas Mann schrieb 1924 an den letzten Seiten des „Zauberbergs“. Er genoss, wie auch seine Tochter Erika, den Aufenthalt im „Haus am Meer“, wo man sich direkt aus dem Bett die Düne hinunter ins Meer stürzen konnte. An die Scherze, die Hauptmann dabei mit ihm anstellte, erinnerte sich Thomas Mann später noch gern.

alten Namen wieder an. Hauptmann entsann sich in den „Annalen 1938" an das „Haus am Meer" der Frau von Sydow, in dem er auch den Schauspieler, Sänger und besonders als Rezitator erfolgreichen Ludwig Wüllner (1858–1938), „eine großgeartete Erscheinung ... mit meiner Epoche allenthalben verknüpft", „ein Typus ganz für sich", mehrfach traf.

Dass der Dichter das „Haus am Meer" aufgab, hing mit der Unruhe zusammen, die durch berühmte Gäste in das Haus kam. Aufregung durfte um Hauptmann nur sein, wenn er selbst sie ausgelöst hatte wie seine Abendgesellschaften und bacchantischen Lustbarkeiten. Nach dem gemeinsamen Aufenthalt Gerhart Hauptmanns und Thomas Manns im „Haus am Meer" schrieb Hauptmann am 3. Dezember 1924 an seinen Freund Gustavs: „Hiddensee ist ein bisschen allzu lebendig geworden, aber trotz alledem und alledem: seine übrigen Reize wirken so stark, dass sie uns wohl wieder in ihre Netze ziehen werden."

Überhaupt: Die Begegnungen auf Hiddensee brachten Animositäten und Zuneigungen. Bekannte waren Asta Nielsen im „Karusel" in Vitte, die von Hauptmann ins „Haus Seedorn" eingeladen wurde, und ihr Besucher Joachim Ringelnatz: Der Maler Albert Klatt (1892–1970), selbst ein Hiddenseebesucher, malte ihn 1933 in einem Aquarell „Tischrunde" gemeinsam mit Otto Gebühr, dem Ehepaar Hauptmann und der Tänzerin Paulin Ines Lucas. Auch Eggert Gustavs (1909–1996), Sohn des Inselpastors Arnold Gustavs, traf auf Ringelnatz und Gerhart Hauptmann, studierte sie und fand besonders Hauptmanns Gesichtsausdruck in den geistig anregenden Gesprächen faszinierend: Ein Holzschnitt „Gerhart Hauptmann" (Inselmuseum Hiddensee) wurde dafür zum Zeugnis. Zuckmayer, im Haus gegenüber von den Hauptmanns, scheute sich 1926, den Meister, als dessen Schüler er sich sah, im Garten anzusprechen, wurde aber von Margarete zum Abendessen geladen, ähnlich nah wohnend der malende

Den Maler Willy Jaeckel (1888–1944) verband mit Hauptmann die schlesische Herkunft. Er war ein wichtiger Vertreter des Expressionismus, mietete seit 1925 ein bescheidenes Haus auf Hiddensee und baute 1937 ein eigenes. Während des Aufenthaltes Hauptmanns 1932 auf der Insel malte er den Dichter. Es kam auch in anderen Jahren oft zu Treffen zwischen Dichter und Maler, die davon geprägt waren, dass sie „ein wenig dahinzuschleichen" (Behl) drohten, da Jaeckel nur schwer in eine lebhafte Unterhaltung zu verstricken war.

Schauspieler Otto Gebühr, häufiger Gast bei Hauptmanns, aber auch Ernst Toller, mit dem Hauptmann nichts im Sinne hatte und den er doch treffen musste, wohnte man doch dicht bei dicht. Der Maler Willy Jaeckel (1888–1944) war ab 1925 regelmäßig im Sommer auf der Insel und baute sich unweit „Haus Seedorn" ein kleines Haus; 1930 porträtierte er Hauptmann in Pastell im Arbeitszimmer von „Haus Seedorn", 1932 entstand das berühmte Ölgemälde. Beide Bilder sind durch den Krieg verschwunden. Künstler versammelte auch der Architekt Hermann Muthesius (1861–1927) in seinem 1912 ausgebauten Fischerhaus um sich, nach seinem Tod wurde Anna Muthesius (1870–1961) der Mittelpunkt. Zwischen beiden Künstler-Treffpunkten gab es Beziehungen, zumal gern die Besitzer der Sommerhäuser sich einander einluden. Die Reihe ist stattlich, und wollte man sie beschreiben und den Beziehungen nachgehen, entstünde ein neues Buch mit zahlreichen sehr unterschiedlichen, ja gegensätzlichen Porträts des Dichters: Gerhart Hauptmann und seine Bekanntschaften auf Hiddensee.

1927, man war ein Jahr vorher erstmals in „Haus Seedorn" gewesen, gab Margarete Hauptmann über das Leben auf Hiddensee ausführlich Hauptmanns engem Freund Max Pinkus Auskunft. Beschrieben wurden sonnige Badetage, aber auch, wer an den Gesellschaften Hauptmanns teilnahm: Max Kruse, Samuel Saenger, Mitarbeiter an der „Neuen Rundschau", und seine Frau Irma, eine Violinvirtuosin, die neben „Haus Seedorn" wohnten, der amerikanische Dichter George Sylvester Viereck, mehrere Ärzte, Politiker, Musiker, Sänger, „der hiesige Pastor und Keilschriftgelehrte Gustavs", dazu Vertraute aus der Region wie der Regierungspräsident Dr. Haussmann und viele andere. Die Gesellschaften im kleinen Abendzimmer umfassten bis zu 16 Personen.

„Haus Seedorn“ Abgeschiedenheit in unruhiger Zeit

1920 hatte der Berliner Glashüttendirektor Modler seiner Freundin Martha Raeth „Haus Seedorn“ auf einem von Oskar Kruse gekauften Grundstück gebaut. 1926 mietete Hauptmann das Haus von Fräulein Raeth, die das Haus allerdings verkaufen wollte. Damit begann die letzte Phase der Beziehungen Hauptmanns zu der Insel. Im Herbst 1926 trat die Gemeindevertretung zusammen, weil der Regierungspräsident Dr. Haussmann empfohlen hatte, das Grundstück durch die Gemeinde erwerben zu lassen. Wiederum ebnete ein Vertrauter Hauptmanns den Weg. Das Haus, das die Gemeinde für 30 000 Mark erworben hatte, stand nun den Hauptmanns zur Miete zur Verfügung. Wesentlichen Anteil an dieser Entwicklung hatte Arnold Gustavs, der sich deshalb mancherlei Ärger in der Gemeindevertretung zuzog und sich ständig an das „Schmerzenskind Haus Seedorn“ erinnern lassen musste. 1928 betrieb die Gemeinde aus Finanznot und wegen der Unterhaltungskosten den Verkauf des Hauses und ließ auch bei Hauptmann anfragen, der dann für 33 000 Mark das Vorkaufsrecht erhielt. 1930 wechselte das Haus für 32 000 Mark seinen Besitzer, wobei Hauptmann 10 000 Mark bar zahlte. Im Winter 1930/31 wurde nach Entwürfen Hauptmanns, umgesetzt durch den Dresdner Architekten Arnulf Schelcher, ein Freund der Söhne Hauptmanns, „Haus Seedorn“ durch Anbauten erweitert: Kreuzgang, Arbeits- und Speisezimmer (Abendzimmer) sowie ein großzügig angelegter Weinkeller, wo Hunderte von Flaschen – genau 450 – in Tonröhren gelagert werden konnten, entstanden. Besonders

Von „Haus Seedorn“ hatte man, als Hauptmann es 1930 von der Gemeinde Hiddensee erwarb, einen Blick auf Meer und Bodden. Das Haus stand frei in der Landschaft. Hauptmann mietete „Haus Seedorn“, das ein Berliner Glashüttendirektor für seine Freundin gebaut hatte, erstmals 1926. Das Grundstück stammte von Oskar Kruse. Als Hauptmann das Haus schließlich kaufte, ging sein Plan von 1918 auf andere Art in Erfüllung, von den Kruses ein „Haus und einen Landstreifen bis zur See“ – gemeint war damals die Lietzenburg – zu erwerben.

stolz war Hauptmann auf die Terrasse. Aus den wenigen Skizzen Hauptmanns geht hervor, dass er vor allem ein großes Arbeitszimmer und eine weiträumige Terrasse wünschte. „Haus Seedorn“ war für Gerhart Hauptmann die endgültige Adresse auf Hiddensee geworden. Noch 1941 war er von seinem Haus, besonders dem Neubau, begeistert; der Aufenthalt sei „schön“, der Neubau bringe „kühle Räume“, schrieb er am 10. Juli 1941 an Erhart Kästner.

Nachdem Gerhart Hauptmann 1930 in das eigene Haus ziehen konnte, entwickelte sich auch eine freundschaftliche Beziehung zum Mitbegründer der benachbarten Biologischen Forschungsanstalt, Professor Dr. Fritz Gessner. Wöchentlich zwei- bis dreimal zog es Hauptmann in das Institut, in dem er dann gemeinsam mit Gessner mikroskopierte. Mit gleicher Häufigkeit, so berichtete Fritz Gessner später, wurden die Nächte durchzecht. Manche Anekdote aus dieser Zeit blieb erhalten, unter anderem die folgende: Das Institut litt unter chronischem Geldmangel. Andererseits baten begüterte Sommergäste, aber auch weniger wohlhabende darum, dass Fritz Gessner die Bekanntschaft mit Hauptmann vermittle oder es so einrichte, dass man den berühmten Dichter und Nobelpreisträger wenigstens aus nächster Nähe sehen könne. Die Bitten wurden erfüllt, die Sommergäste trafen Hauptmann im Institut. Gessner kassierte dafür einen Obolus, mit dem er die Finanzmisere des Instituts milderte. Besonders einträglich wurde es, wenn die Besucher mit Hauptmann fotografiert werden wollten. Bilder, auf denen Hauptmann und Gessner zu sehen sind, finden sich im Archiv des Instituts. Ähnliches berichtete der Arzt Herbert Glienke für 1941; der Maler Olaf Petersen bot an, ihn für eine Begegnung mit Hauptmann unentgeltlich zu malen.

Die Beziehungen zu den Wissenschaftlern hatten sich zuerst alles andere als freundlich entwickelt. Um unliebsame Gäste

Gerhart Hauptmann mit Fritz Gessner, der sich von 1931 bis 1934 auf Hiddensee aufhielt, vor dem Gebäude der Biologischen Forschungsstation, dem späteren Doktorandenhaus, im Jahre 1931. Beide erörterten gemeinsam zwei bis drei Mal wöchentlich wissenschaftliche Probleme und sprachen ebenso häufig dem Wein zu, wie Gessner mitteilte. Gessner ermöglichte Besuchern gemeinsame Fotos mit dem Dichter, wofür sie zahlen mussten; das Geld kam der Forschungsstation zugute, die dadurch ihre „haarsträubende Geldknappheit" (Gessner) milderte.

und Inselbesucher aber auch Einheimische vom „Haus Seedorn“ fernzuhalten, hatte der Dichter von Max Kruse zusätzlich ein angrenzendes Birkenwäldchen für 16 000 Mark gekauft und beides, sein Anwesen und das erworbene Wäldchen, umzäunen lassen. Fritz Gessner, der einen Umweg machen musste, wenn er Wasserproben vom Strand holen wollte, erhob Einspruch. Arnold Gustavs berichtet, wie er von Hauptmann „mit vor Erregung zitternder Stimme“ angerufen worden sei, „dass dieser junge Mann, der im nördlichen Eismeere die Höhen von Spitzbergen erstiegen habe, diesen kleinen Umweg wohl würde leisten können“. Es wurde ein Kompromiss gefunden, der Hauptmanns Ruhe sicherte und doch einen Weg, östlich des Birkenwäldchens, zur Biologisches Forschungsstation öffnete: Hauptmann kaufte vom Kloster zum Heiligen Geist in Stralsund weiteres Land – gegenüber vom „Wieseneck“ –, um zwischen seinem Grundstück und dem neuen unbebauten Grundstück einen schmalen Weg zu ermöglichen, der weiträumig um sein Grundstück führte.
1930, im ersten Jahr, in dem Hauptmann „Haus Seedorn“ nun besaß, besuchte Ernst Toller Hiddensee; es kam zu Begegnungen zwischen den beiden Dichtern. Nach Tollers Freitod 1939 reflektierte Hauptmann in den „Annalen“ die Beziehungen zu dem Dichter, einer Leitfigur der Münchner Räterepublik 1918/19, und schrieb schroff: „Toller, ein Literat und Dramatiker, der unmittelbar nach dem ersten Weltkrieg in München eine sehr üble Rolle spielte, soll sich in den Vereinigten Staaten aufgehängt haben. Er bezog eines Tages ein Holzhäuschen auf Insel Hiddensee, das er von einem Patrizier in Stralsund gemietet hatte. Es grenzte beinahe an meine heutige Besitzung. Man war genötigt, sich zu sehen und hie und da Worte zu wechseln. Über Politik wurde nicht gesprochen und zu seinem Talent hatte ich keine ernsten Beziehungen.“

Andere zeitgenössische Schriftsteller interessierten Hauptmann überhaupt nicht. So hielt sich beispielsweise im Dezember 1931 Hans Fallada bis Weihnachten im Neuendorfer „Gasthaus Freese“ auf und schrieb an seinem Roman „Kleiner Mann – was nun?“. Sicher, Hauptmann war zu der Zeit nicht auf Hiddensee, aber Fallada hat er wie viele andere nicht wahrgenommen. 1934 suchte Fallada nochmals auf der Insel Zuflucht, als er – durch öffentliche Kampagnen verunsichert – in Nervenkrisen geriet.

Beim Aufenthalt 1931 beschäftigten Hauptmann vor allem kulturkritische Ideen. Im Ergebnis seiner Lektüre und seiner Überlegungen erteilte er den Philosophen Nietzsche und Spengler eine schroffe Absage („Was hat Nietzsche für Verheerungen angerichtet“) und setzte seinen Glauben an einen edlen Menschen, dem Raubtiergelüste fremd sind, dagegen. Während seines Aufenthalts 1931 in „Haus Seedorn“ wurde Hauptmann von Wissenschaftlern wie dem englischen Germanisten Hermann G. Fiedler (1862–1945) und dem Professor an der Columbia University, dem Literaturwissenschaftler Frederick W. J. Heuser (1878–1961), besucht. Heuser hatte seit langer Zeit einen Aufenthalt Hauptmanns in den USA vorbereitet und trug ihm nun den Plan vor, 1932 zu Goethes 100. Todestag die Gedenkrede zu halten. Gleichzeitig aber nahm er intensiv Anteil an dem auf Hiddensee entstehenden Stück „Vor Sonnenuntergang“; er war, vertraute Hauptmann während eines Hiddensee-Aufenthalts 1932, also nach der Reise, seinem „Diarium“ an, „in diese lebhafteste und vielleicht folgerichtigste Epoche meines Lebens, die nun etwa zehn Monate gedauert hat, von Beginn einbezogen“. Der siebzigjährige Hauptmann rückte im Jahr des 100. Todestages Goethes nicht nur äußerlich immer auffälliger in die Nähe des Olympiers. Das gesamte Jahr war durch Ehrungen und Auszeichnungen bestimmt.

1931 war der Germanist Hermann G. Fiedler (1862–1945) aus Oxford zu Besuch in „Haus Seedorn". Die Hauptmanns mit Sohn Benvenuto hatten einen alten Freund zu Gast; die Verbindung ging bis ins Jahr 1905 zurück. Fiedler war auch auf dem „Wiesenstein", bemühte sich um die Verbreitung des Hauptmann'schen Werkes und wurde schließlich das Vorbild für den Professor Geiger in „Vor Sonnenuntergang".

Im Jahr 1932 war Hauptmann zweimal auf der Insel. Nach der umjubelten Amerika-Reise, von der er seinen Efeu mitbrachte, kam er am 30. März auf Hiddensee an, „wo Stille nun wieder über mir zusammenschlägt". Am Ende der Eintragung in das „Diarium" wird der Satz wiederholt: „Ich sitze hier im Haus Seedorn wiederum am schwarzen Tisch, die Stille schlägt über Vergangenes zusammen." Es folgte auf Hiddensee eine Zeit der Besinnung, der Abrechnung mit dem bisherigen Leben des fast Siebzigjährigen, die besonders intensiv wurde, als Adele Hauptmann starb, die Frau des Bruders Georg (1853–1899), deren Schwester Marie er und deren andere Schwester Martha Carl Hauptmann geheiratet hatten. Er vertraute seinem Tagebuch an: „Ich war verliebt, schmerzlich verliebt in sie." Gerhart Hauptmann hatte wohl in Adele jene mütterliche Frau gesehen, die er einige Jahre später in Marie fand. Am 7. Juli trafen die Hauptmanns ein zweites Mal auf Hiddensee ein und blieben bis zum 25. August, um von dort nach Frankfurt am Main zur Inauguration der Wilhelm-Meister-Schule und zu der Verleihung des Goethe-Preises zu reisen. In dem an Ehrungen reichen Jahr hatte auch Hiddensee sich etwas ausgedacht: In Vorbereitungen des 70. Geburtstags wurde dem in der Gemeinde Kloster gelegenen Dornbuschwald am 21. August der Name „Gerhart-Hauptmann-Wald" gegeben; eine entsprechende Urkunde überreichte der mit Hauptmann befreundete Regierungspräsident von Stralsund Dr. Hermann Haussmann im Beisein von Gemeindevertretern aus Kloster, Vitte und Neuendorf. Von den Bewohnern Hiddensees wurde dieser Name nie angenommen und benutzt, Hinweis auf den kritischen Abstand, den sie zu dem Dichter hatten.

Der Aufenthalt brachte erfreuliche Erlebnisse, darunter die erste private Begegnung mit C. F. W. Behl, der bereits 1912 im Literarischen Verein am Askanischen Gymnasium in Berlin eine Festrede auf Hauptmann gehalten hatte und mit

Gerhart Hauptmann und C. F. W. Behl, der zum Vertrauten im Alter sowie zum Biografen und Herausgeber der Hauptmann-Werke wurde, besprechen 1943 auf der Terrasse von „Haus Seedorn“ Korrekturen zur „Atridentetralogie“. Es war Hauptmanns letzter Aufenthalt auf Hiddensee.

dem sich nun eine enge Freundschaft entwickelte. Er beschäftigte sich auf Hiddensee in dieser Zeit mit Hauptmanns „Paralipomena zum Hirtenlied“. Behl wurde für Hauptmann, was Eckermann für Goethe war. Aus Behls Erinnerungen „Zwiegespräche mit Gerhart Hauptmann“ wissen wir wie von Arnold Gustavs, wie sich Hauptmanns Leben auf Hiddensee gestaltete: „Reizend war die fast kindhafte Freude, mit der Hauptmann uns sein Haus, die vom abendlichen Meerwind überwehte Backsteinterrasse und den zugleich behaglich und großzügig wirkenden Bibliotheks- und Arbeitsraum zeigte“, alles aber war „vor dem draußen sich vorbeitummelnden Badeleben durch hohe Hecken und Seedornbüsche [Sanddornbüsche] abgeschirmt“. Hauptmann erklärte „die schöpferische Einsamkeit“ als wichtigste Qualität seines Hiddensees. Die Tage brachten das morgendliche Bad am Westufer, hundert Meter von der Seenotrettungsstation, dem heutigen Heimatmuseum, entfernt, lange Spaziergänge mit den zottelhaarigen Dackeln Mowgli und Balu, „echte Geselligkeit im Freundeskreis“ – der „gemütliche schlesische Hausvater“ neben dem bewunderten Dichter. „Manchmal entfällt ihm der Faden der Erzählung; dann helfen Frau Margarete mit ihrem hellklaren Gedächtnis oder Fräulein Jungmann, die Sekretärin, geschickt und behutsam wieder auf die Spur zurück.“ Der Aufenthalt endete mit Komplikationen: Am 23. und 24. August, kurz vor der Abreise von Hiddensee nach Frankfurt am Main, erlebte Hauptmann beim Baden zwei Kreislaufschwächen, die ihm signalisierten, dass sein Leben „in eine neue Phase getreten“ war. Das dichterische Ergebnis des Nachdenkens über Leben und Tod war das Gedicht „Vor mir eine große goldne Schale“, datiert mit „25. August 1932. Haus Seedorn“, ein Gedicht, das nur mit dem genannten biografischen Hintergrund verständlich ist: „Und der Himmel wurde wieder helle.“

Die Machtergreifung der Faschisten erlebte Hauptmann in Rapallo, dann war er auf Capri und in Lugano. Erst am 12. Mai kehrte er nach Deutschland zurück. Trotzdem wurde „Haus Seedorn" auf Hiddensee zu einem Zeugnis seiner Einstellungen und seines Verhaltens nach der „Machtübernahme". Dabei ging es um die Beflaggung von „Haus Seedorn" zum 1. Mai 1933. Hitler hatte am 10. April den Feiertag für die Nationalsozialisten in Anspruch genommen und zum „Feiertag der nationalen Arbeit" erklärt. Der Tag wurde zum gigantischen Propagandaereignis. Bis zum 15. September 1935 konnte die Bevölkerung zwischen der schwarz-weiß-roten Flagge des Kaiserreichs, die an die Stelle der schwarz-rot-goldenen getreten war, und der Hakenkreuzflagge wählen, danach wurde die Hakenkreuzflagge die alleinige National- und Reichsflagge. Hauptmann wählte nicht, sondern bat den begeisterten Nationalsozialisten Medizinalrat Curt Friedel, den Mann der Bildhauerin Karla Friedel, „heutig festgesetzte Flaggen zu kaufen und bei Verwirklichung großer Idee Maifeiertag Seedorn hissen". So wurden beide Fahnen aufgezogen. Auch bei den Flaggen galt „Nu jaja! – Nu nee nee!". Friedel schrieb dem Dichter, dass ganz Hiddensee Hauptmanns „freudige Zustimmung zu der großartigen Feier" begeistert habe.
Die Hauptmanns blieben in diesem Jahr fast drei Monate auf der Insel, vom Juni bis zum September. Ende Juni las Hauptmann Hitlers „Mein Kampf" und bemerkte, das Buch sei „die in der Tat sehr bedeutsame Hitlerbibel" (Hs 15, 88r) und auch sonst stimmte er Hitler zu: „Hitlers Ernst möge durchwirken." (Hs 15, 89r)
Der Aufenthalt brachte einen Abschied, der Hauptmann nahe ging. Seit 1922 war Elisabeth Jungmann (1897–1959), die Tochter eines jüdischen Beamten aus Oppeln, Gerhart Hauptmanns Sekretärin. Zahlreiche Bilder, besonders von Hiddensee, zeigen die beiden bei der Arbeit: Elisabeth Jung-

Gerhart Hauptmann diktierte seine Texte, dabei den Eintragungen in die Notizbücher folgend. Elisabeth Jungmann, hier im Garten von „Haus Seedorn", war von 1922 bis 1933 Hauptmanns Sekretärin. Dann wurde sie die Lebensgefährtin Rudolf G. Bindings, den sie auf Hiddensee kennengelernt hatte. Sie befreite Hauptmann dadurch von Sorgen, da sie als „jüdischer Mischling 1. Grades" bei ihm nicht mehr sicher war.

mann, auf dem Boden vor dem Strandkorb hockend, aus dem der Dichter diktiert; stehend im Kreuzgang, daneben Hauptmann, an einer Kommode lehnend und dichtend; im Arbeitszimmer an der Schreibmaschine sitzend, Hauptmann neben ihr, aus einem Notizbuch ablesend. Gäste berichteten von der außerordentlichen Begabung Elisabeth Jungmanns für Vortrag und Vorlesung: Ein „denkwürdiger Abend" (Behl) war der des 14. Juli 1933, als Elisabeth Jungmann Hauptmanns neues Stück „Die goldene Harfe" vorlas. Hauptmann sprach mit Behl an diesem Abend auch über die Beziehung zu Hiddensee, erinnerte an die Bedeutung für die „Versunkene Glocke" und für das neue Werk. Dabei stimmten innere und äußere Landschaft, die des Stücks und die des Lebens, die Hiddensees, nicht überein, sondern wurden als „Gegenbild" – die innere Landschaft im Widerspruch zur umgebenden Natur – in Spannung gesetzt.
Elisabeth Jungmann begleitete die Hauptmanns auf ihren Reisen und war „der Familie warm befreundet" („Annalen"). Nach 1933 drohten ihr und Hauptmann Schwierigkeiten, wenn er Elisabeth Jungmann, die als „jüdischer Mischling 1. Grades" galt, weiterbeschäftigt hätte. Die Bekannten meinten, dass man in Hauptmanns Nähe „rein arisch" zu sein habe, „denn die arme Jungmann kann ja aus diesem Grunde nicht mehr zu H." (Fritz von Woedtke am 11. Februar 1936 an Erhart Kästner). Sie, die Hauptmann auch später „liebe Freundin und Helferin" nannte, enthob ihn der Schwierigkeiten. Sie hatte 1933 auf Hiddensee den Schriftsteller Rudolf G. Binding (1867–1938) kennengelernt, der sie in Liebesgedichten verherrlichte. Binding verkehrte 1933 oft in „Haus Seedorn" und unterhielt die Gastgeber und ihre zahlreichen Gäste, darunter Hauptmanns Sohn aus erster Ehe Ivo und der aus der zweiten Benvenuto, mit seiner Erzählbegabung. Dabei wurde er von dem Maler Josef Block, Hauptmanns ältestem Freund, unterstützt, „mit Witz und trockenem

Humor" (Behl). Binding, der bereits 66 Jahre alt war, erfuhr im Dritten Reich als Dichter Anerkennung und Ehrungen und konnte so auch einigen Schutz bieten. Als seine Lebensgefährtin blieb Elisabeth Jungmann bis zu Bindings Tod 1938 in Deutschland und wurde verschont. „Viel Tragik lag in dem Umstand, dass sich die Heirat nicht ermöglichen ließ" („Annalen"). Nachdem sie Binding kennengelernt hatte, kündigte sie bei Hauptmann. Der Dichter schätzte Binding; in einem Brief an den Kollegen vom 17. März 1933 legte er ein Treuebekenntnis zur neuen Regierung ab: Einer Regierung, der man unterstehe, dürfe man nicht zuwider arbeiten. „Übrigens habe ich das auch als freier Schriftsteller niemals irgendeiner Regierung gegenüber getan." Nach dem Tode Bindings ging Elisabeth Jungmann nach England, noch kurz vor seinem Tod schrieb Gerhart Hauptmann ihr am 21. März 1946 einen herzlichen Gruß. 1933 brachte die Begegnung Elisabeth Jungmanns mit Binding also die Trennung von Hauptmann, aber auch die Lösung eines Problems. Bindings „Gedichte an Kalypso" spiegelten das Hiddensee-Erlebnis des Jahres im antiken Kostüm wider.
Hauptmanns Verhalten in dieser Zeit ist, wie fast immer, widersprüchlich: Er empfängt auf Hiddensee den jüdischen Freund Josef Block, der für diesen Freundschaftsbeweis dem Ehepaar dankbar ist, und auch den jüdischen Bankier Adolf Arnhold. Er sendet aber auch ein Glückwunschtelegramm zum 50. Geburtstag an Mussolini, das samt Mussolinis Antwort durch die deutsche Presse geht. Hauptmann wird von den neuen Machthabern umworben, sein „Festspiel in deutschen Reimen" kommt „den Anforderungen der Thing-Bewegung" (Sprengel) entgegen. Er macht Bekanntschaft mit den Verbrechen des Regimes: „Heut Ende August, ist eine Leiche in Neuendorf angespült, mit einer erzenen Kugel und Kette am Bein" und Hauptmann kommentiert es: „Ein Rest in dem Arrest: sagte Hamlet im Concentrationslager: Sagte er: der

Rest ist Schweigen. (Hs 15, 118v und 119r) Als Hauptmann in dieser Zeit von der Entlassung seines Freundes, des Malers Johannes Maximilian Avenarius, der die Fresken in der Paradieshalle im Haus Wiesenstein gemalt hatte, wegen feindlicher Gesinnung von der Kunstschule Plauen erfuhr, setzte er sich umgehend brieflich für ihn ein.
Andererseits nahm der Dichter, der sich sonst von öffentlichen Veranstaltungen auf der Insel zurückhielt, am 9. August 1933 im „Gasthof Dornbusch“ in Kloster an einem „Deutschen Abend“ teil, der ein rein nationalsozialistischer Abend war. Teilen der Öffentlichkeit erschien Hauptmanns Verhalten ein zu großes Zugeständnis an die neue Macht, nicht vereinbar mit seinem Wirken in der Weimarer Republik und es wurde in der „Deutschen Allgemeinen Zeitung“, die Hauptmann am 30. Juni in seinem Tagebuch wegen eines Leitspruchs besonders herausgestellt hatte (Hs 15, 89v), als „vorauseilende(r) Gehorsam glossiert“ (Sprengel). Auf der Insel hatte man im März 1933 den Lehrer Heinrich Berg als Amtsvorsteher abgelöst und aller Ehrenämter enthoben, Teil der politischen Veränderungen, denn Berg war Demokrat und ein entschiedener Gegner der Nationalsozialisten; Hauptmann aber trug am Jahresende 1933 in sein Tagebuch ein: „Lehrer Berg auf Hiddensee. Ein Mann, den ich liebe, ein höchst kultivierter, wie alle, die mit der Orgel Bescheid wissen“. (Hs 15, 200r)
Hiddensee war auch der Ort einer besonderen Freundschaft. Als im Herbst 1934 der Inselpfarrer Arnold Gustavs eine Reise nach Schweden machte, schrieb ihm Hauptmann einen interessanten Brief aus seinem „Turm-Observatorium“ in Agnetendorf, von dem aus er „im Geiste Weltreisen“ mache. 1917 hatte Hauptmann bei seinem Aufenthalt auf der Lietzenburg Arnold Gustavs (1875–1956) kennengelernt. Gustavs, der sich 1896 als Student auf der Insel aufhielt, hatte bereits damals den Dichter und seine junge Geliebte Margarete Mar-

schalk gesehen und erinnerte sich daran: „Er groß, schmal, mit durchgeistigtem Gesicht; sie an seiner Seite knabenhaft schlank, geschmeidig und elastisch, mit dem ganzen Liebreiz der Jugend und Schönheit." Dieser Beschreibung Margaretes gleicht jene, die Hauptmann später von der Prinzessin Ditta im Roman „Im Wirbel der Berufung" gab, der auf Rügen spielt.

Gustavs war für Hauptmann nicht nur Freund, sondern auch unentbehrlicher Helfer. Hauptmann weihte Gustavs in viele seiner Vorhaben ein, vor allem Hiddensee betreffend. Besonders ehrenvoll war es, als Gustavs 1928 den Sohn Benvenuto Hauptmann mit Elisabeth, Prinzessin zu Schaumburg-Lippe, trauen durfte. Als nach wenigen Tagen die Ehe zerstört war, erklärte Hauptmann in einem sehr herzlichen und offenen Brief (21. November 1928) an Gustavs die Hintergründe und dass das Ganze nur ein „Irrtum" gewesen sei. Vor allem habe die Prinzessin bereits vor der Eheschließung gewusst, dass ihr die physische Verbindung mit einem Manne „nur mit höchstem Widerwillen möglich und auf die Dauer unmöglich ist". Aber auch mit Alltäglichem wurde der Pfarrer beauftragt. Als 1941 eine Flaschensammlung veranstaltet wurde, bat ihn Hauptmann, die im „Haus Seedorn" stehenden leeren Flaschen „einpacken und abholen zu lassen". Es muss eine beträchtliche Arbeit gewesen sein, denn einige Zeit später bedankte sich Hauptmann für die „Mühe", bot die Begleichung der Kosten, die Gustavs gehabt habe und zudem noch eine „schöne Goetheausgabe" als Geschenk an.

Auch die letzte Ruhestätte Hauptmanns geht auf einen Vorschlag Gustavs' zurück. Hauptmann hatte den Wunsch, auf „diesem stillen Inselfriedhof meinen letzten Schlummer" (Gustavs) zu tun, – in einem Brief Margarete Hauptmanns vom 11. Juni 1946 finden sich diese Worte leicht variiert („auf diesem schlichten Friedhof von Hiddensee meinen ewigen Schlaf schlafen" sei sein Wunsch gewesen). Gustavs riet der

Familie von dem Vorhaben ab, Hauptmann auf dem Grundstück des „Hauses Seedorn“ zu beerdigen. Er bestand darauf, den Wunsch des Dichters zu erfüllen, und bot auf dem Inselfriedhof eine Stelle an, umstellt von einer Esche, Gebüsch und einem „wohl tausendjährigen Dornbaum“.

1934 kamen die Hauptmanns erst später im Jahr nach Hiddensee, zahlreiche Pläne zeigten Hauptmann bei großer geistiger Kraft. Vor allem musste er die Angriffe, die auf ihn wegen seines Schweigens zur Diktatur Hitlers erfolgt waren, besonders von dem einflussreichen Kritiker Alfred Kerr, bewältigen; auf Hiddensee gelang es. Die Geselligkeit wurde gepflegt, vor allem mit den Nachbarn Frau Saenger-Sethe und Otto Gebühr, der mit der Laute aufspielte und sowohl Volkslieder als auch Moritaten Frank Wedekinds vortrug. Aus „Lautenklang und Sektschaum“ (Behl) stieg der „große Schatten Wedekinds“, den Hauptmann grüßte. Auch Herman G. Fiedler aus Oxford war wieder zu Gast. Am 28. August 1935 wurde der 50. Jahrestag der ersten Begegnung Hauptmanns mit Hiddensee feierlich begangen; es wird noch darüber zu reden sein. Im Übrigen suchte Hauptmann Abgeschiedenheit und zog sich in die Welt seiner poetischen Gestalten zurück.

Im Februar 1936 hatte Hauptmann einen neuen Sekretär geworben, den Schriftsteller Erhart Kästner (1904–1974). Kästner, auch Bibliothekar an der Sächsischen Landesbibliothek Dresden, hatte sich verehrungsvoll Hauptmann genähert und war im Herbst 1934 dem Dichter in Dresden begegnet. Er durfte ihm die Bibliothek zeigen, wurde auf den „Wiesenstein“ eingeladen und bekam schließlich das Angebot, Hauptmanns Sekretär zu werden: „Er hat nun die Einbildung, dass ich für ihn das richtige sei, und ihm in seinen alten Tagen Wesentliches an Frische und Hilfe bringen könnte.“ Nur kurz war 1936 der Aufenthalt auf Hiddensee, wo F. W. J. Heuser Hauptmann erneut besuchte, mit dem er auch im folgenden Jahr Kontakt hatte und den er auf den

Erhart Kästner (1904–1974) war von 1936 bis 1938 Sekretär Hauptmanns, hatte aber auch darüber hinaus enge Verbindung zu dem Dichter. Er schrieb zahlreiche Kritiken und Aufsätze zu Hauptmanns Werk, betreute das Archiv, erschloss Manuskripte und bereitete die Festlichkeiten zu Hauptmanns 75. Geburtstag vor. Im September 1936 hielt er sich zehn Tage auf Hiddensee auf; sein Lieblingsplatz beim Diktat Hauptmanns war der Schlussstein der Umfassungsmauer auf der Terrasse.

„Wiesenstein" einlud. Ein Bekenntnisbrief Kästners an Elisabeth Jungmann vom 3. September 1936 zeigt einen begeisterten Sekretär: „Schön auch der Alte in dieser Umgebung, man sieht ihn neu. Und über die Terrasse müsste ein Drama geschrieben werden. Sie ist wert, dass man auf ihr lebt. Heute haben wir zum ersten Mal darauf diktiert, ich erkor mir den Schlussstein der Umfassungsmauer als Hock- und Schreibplatz und war selig. Es war herrliches Wetter, und ich schrieb dann dort auch in die Maschine, als der Alte fort war." Hauptmann war in ausgezeichneter Stimmung. Als Kästner am 31. August auf der Insel ankam, notierte Hauptmann in sein Tagebuch eine Bemerkung, die sein Verhältnis zu Insel und Meer treffend beschreibt:

„Ich trat nachts auf die Terrasse. Ich hörte, weil es nachts war, mehr wie am Tag: Ich hörte die Brandung, mit einem klaren mystischen Rhythmus. Ich erinnerte mich an die Philosophie, d. h. die Gedanken, das heißt das Denken Spencers: Am Anfang war der Rhythmus: Ich habe den Puls des Meeres gefühlt, den eigenen, wer fühlt ihn nicht? – und er gebiert den Rhythmus der Poesie." (Hs 52, 220r)

Aber Missstimmung machte sich dann bei Hauptmann breit, weil die Arbeit an „Die Tochter der Kathedrale" nicht voranging, Manöver auf Hiddensee störten den Dichter, und das Wetter – einen Tag nach Kästners Mitteilung – war schlecht. So blieben die Hauptmanns nur zwanzig Tage auf der Insel und kehrten dann nach Agnetendorf zurück. Erhart Kästner errechnete, dass jeder Tag auf Hiddensee, die Unkosten des Jahres einbezogen, den Dichter 100 Mark koste.

1937 kamen die Hauptmanns nicht nach Hiddensee. Eine Karte Margaretes vom 25. August 1937, Arnold Gustavs wurde in Agnetendorf erwartet, trug Grüße auf an die „geliebte Insel, die wir diesmal entbehren müssen". Die Wandinschrift in Hauptmanns Schlafzimmer „Es lohnt nicht mehr", zu der das Jahr „1937" entziffert wurde, stammt, wie Gustav Erdmann schon angenommen hatte, aus dem Jahre 1934. Der Aufenthalt 1938 dauerte vom 8. August bis zum 6. September und brachte den Beginn der Arbeit an der Novelle „Mignon", wieder ein „Insel"-Text, in dem die Borromäischen Inseln des Lago Maggiore in Norditalien, die der Dichter 1937 besucht hatte, Hauptmanns Hiddensee vertraten.

Inselleben
Arbeit und Geselligkeit

Der Jahreslauf Gerhart Hauptmanns folgte einem strengen Kreislauf, „der die Stationen: Agnetendorf, Berlin, Hiddensee, Rapallo und wieder Agnetendorf enthält“, wie Hauptmann am 24. Februar 1936 seinem angehenden Sekretär Erhart Kästner in dem Einladungsbrief mitteilte. Die Tage waren ebenso streng gegliedert und folgten einem Programm, das mit dem Bad in der See morgens begann und mit Geselligkeiten endete. Ludwig Jauner, vor Erhart Kästner Archivar und Sekretär Hauptmanns, riet am 24. April 1936 seinem Nachfolger, besonders in Hiddensee darauf zu achten, dass er außer Haus wohne, wenig im Hause zu sein und „womöglich auch nicht zum Abendessen“ zu erscheinen, weil er sich dann schwer entfernen könne: „Beuge daher vor.“ Der Umzug von Agnetendorf nach Hiddensee war jedes Mal beträchtlich, denn es wurden, da sich in Hiddensee keine doppelten Ausstattungen befanden, Wäsche, Geschirr und der notwendige Hausrat mitgeführt.

Hauptmanns bereits zitierte Ratschläge an die erste Frau Marie zeigten, wie der Dichter selbst badete oder spazieren ging. Vor dem Frühstück, gegen sieben Uhr, war Hauptmann am Strand, nur mit dem Bademantel bekleidet. Der Weg bis zum Strandkorb von „Haus Seedorn“ betrug zehn Minuten. Während des gemeinsamen Aufenthalts von Hauptmann und Thomas Mann 1924 trafen sich beide morgens am Strand, und Hauptmann antwortete auf die Frage, wie das Wasser sei, dass es etwas zu warm sei. Thomas Mann, der daraufhin baden gehen wollte, wurde von Hauptmann zurückgerufen: „… das war ein Scherz von mir! Das Wasser ist furchtbar kalt." Thomas Mann erinnerte sich daran im „Herzlichen Glückwunsch" zu Hauptmanns 70. Geburtstag und fügte an: „Ich werde diese rührende Reue über einen so unschuldigen Schabernack niemals vergessen. Sie offenbarte mir zugleich etwas von der Eulenspiegelei und Schalkheit, die, was wenige wissen, auf dem Grunde von Hauptmanns Seele liegen, und von der schonend sich einfühlenden Güte, die ihr widerspricht und sie nicht eilig genug korrigieren kann."

Die Festlichkeiten im Hause sahen eine Margarete, die gerade auf Hiddensee aus sich herausging, zur Überraschung der Freunde und Bekannten. So berichtete Helene Gustavs, Arnold Gustavs Frau, ihrem Enkel Arne Gustavs, dass Margarete, von einem befreundeten russischen Tänzer angeregt, vor zahlreichen Menschen am Schiffsanleger in Kloster einen Kasatschok getanzt und Hauptmann missbilligend geblickt habe. Arnold Gustavs, dessen Urteil über Margarete teils sehr harsch ausfiel – „nie eine gute Hausfrau", „nicht seine Muse" – berichtete über einen geselligen Abend auf der Lietzenburg, bei dem Margarete sich auf die Tischkante gesetzt und eine Art Gassenhauer gesungen habe; Hauptmann sei das sichtlich unangenehm gewesen. Und der mit Hauptmann befreundete Leiter der Biologischen Forschungsanstalt Professor Dr. Fritz Gessner erinnerte sich noch Jahre später, dass er den größten Teil seiner nicht salonfähigen Witze Margarete Hauptmann zu verdanke habe. Mehrfach war die Schauspielerin Maria Paudler zu Gast, dann wünschten sich die Hauptmanns ihr Spezialrezept Omelett Souflé (sic!). Auch an romantische Spaziergänge am Meer und schöne gemeinsame Abende in „Haus Seedorn" erinnerte sich Maria Paudler, die 1946 auf Einladung der Landesregierung Sachsen an den Trauerfeierlichkeiten in Stralsund und Hiddensee teilnahm. Der Schriftsteller Erich Eber-

Das Ehepaar Hauptmann hält sich vom 7. Juli bis zum 25. August 1932 auf Hiddensee auf. Am 21. August feiert man den bevorstehenden 70. Geburtstag des Dichters. Auf dem Bild sind von links nach rechts zu sehen: Eggert Gustavs, Ehepaar Haussmann, Ehepaar Hauptmann, dahinter die Gemeindevorsteher von Kloster Paul Wüstenberg und von Vitte Heinrich Schluck, Wanda Ehrhardt, dahinter: Elisabeth Jungmann und der Gemeindevorsteher von Neuendorf Hugo Gottschalk, Amtsvorsteher Heinrich Berg, Pastor Arnold Gustavs.

Das Bild zeigt den Dichter 1936 auf Hiddensee am Strand von Kloster; im Hintergrund ist die Hucke zu erkennen. Hauptmann weilte in diesem Jahr nur kurze Zeit auf der Insel, weil ihn das Wetter störte.

mayer und der amerikanische Germanist Frederick W. J. Heuser, der Regisseur Otto Falckenberg – stellvertretend für Berufsgruppen genannt – und die Familien Benvenutos waren in „Haus Seedorn“ zu Gast.
Neben den Geselligkeiten gab es besondere Ereignisse. 1923 gründeten einige Künstler die „Republick Hiddensee“, wie sie sich auf den von ihr ausgestellten Urkunden bezeichnete. Ob auch der Titel „Souveräne Kunstfischer-Republik“ verwendet wurde, wie Arnold Gustavs berichtet, ist nicht zu belegen. Es war zuerst ein Scherz, der die rheinischen Separatistenbestrebungen parodierte. Im Rheinland hatte sich im Herbst 1923 eine von Frankreich unterstützte „vorläufige Regierung“ gebildet, die eine Abtrennung vom Deutschen Reich anstrebte, schon nach kurzer Zeit aber am Widerstand der Bevölkerung gescheitert war. Präsident der Hiddenseer Republik war der Dirigent und Komponist Max von Schillings (1868–1933), der zu Hauptmanns engerem Freundeskreis gehörte und auf Hiddensee sein Nachbar war, „für das Auswärtige“ war Hans von Hülsen (1890–1968) zuständig, einer der Biografen Hauptmanns, und „für die schönen Künste“ der Maler Hanns G. Haas, verheiratet mit der Tänzerin Magda Bauer, die mit jungen Frauen rhythmische Übungen am Strande abhielt; der Roman „Die Insel der Großen Mutter“ beschreibt diese Szenerie. Solche Spiele mit ernstem Hintergrund waren besonders unter jenen Künstlern verbreitet, die vor der Jahrhundertwende mit dem Anspruch gesellschaftlicher Neuordnung angetreten waren, in der naturalistischen Bewegung zumeist, und mit ihren Plänen scheiterten. Die „Republick Hiddensee“ und ihr „Präsident“ Schillings nahmen Gerhart Hauptmann in Schutzhaft wegen des anstößigen Titels „Schillings Flucht“, erlaubten ihm aber seine Zimmer im „Haus am Meer“ und Bewegungsfreiheit auf der Insel. Während Hauptmanns „Haft“ gab es heitere Erlebnisse. So erschien der Stralsunder Regierungspräsident Dr. Haussmann auf der Insel, um

Hauptmann zu besuchen, und musste zur Kenntnis nehmen, Hauptmann „sei von der revolutionären Regierung gefangengesetzt“ (Hans von Hülsen) worden. Es dauerte seine Zeit, bis Haussmann den Scherz begriff. Nach einem Jahr wurde Hauptmann wieder in „die volle Freiheit“ entlassen und durch das nachfolgend zitierte, weitgehend unbekannte Dokument zum Ehrenbürger ernannt:

REPUBLICK HIDDENSEE
Da Gerhart Hauptmann nun ein Jahr
als Ehrengeisel tätig war
So giebt die Künstlerrepublick
die volle Freiheit ihm zurück.
Doch braucht der Geisel sie nicht mehr
Den Dichter giebt sie nimmer her,
Dess Wort u. Werk in weitem Rund
Den Ruhm des Eilands machte kund.
Als EHRENBÜRGER weil nun hier
Des Inselreiches stolze Zier!
Und wandle, bade, dicht' – doch bitt':
Allsommerlich wend' her den Schritt!
Hiddensee im 7. abnehmenden (Mond).

Die Urkunde wurde unterschrieben von Max von Schillings, Hans von Hülsen und Hanns G. Haas.
Ein anderes Ereignis war die sogenannte „Goldene Hochzeit“ Gerhart Hauptmanns mit der Insel Hiddensee. Arnold Lüders in Hamburg hatte Arnold Gustavs frühzeitig daran erinnert, dass im Sommer 1935 der erste Besuch Gerhart Hauptmanns auf der Insel sich zum fünfzigsten Male jährte. Am 28. August 1935 fand aus diesem Grunde ein feierliches Essen im Arbeitszimmer des Dichters statt, zu dem zahlreiche Gäste geladen waren. Arnold Gustavs hielt die Rede zu dieser besonderen „Goldenen Hochzeit“ und überreichte

1935 jährte sich Gerhart Hauptmanns erster Besuch auf Hiddensee zum fünfzigsten Mal. Deshalb wurde eine „Goldene Hochzeit" gefeiert, auf der der Freund und Vertraute Pastor Arnold Gustavs die Ansprache hielt. Hauptmann antwortete mit einer Dankesrede, in der er nur einen Namen nannte, den Alexander Ettenburgs. Neben Hauptmann und Gustavs sind auf dem Bild Helene Gustavs (links), Benvenuto und Margarete Hauptmann zu sehen.

Hauptmann ein auf der Insel gefundenes Sichelmesser aus Feuerstein, damit der Dichter weiterhin reiche Ernte auf Hiddensee einbringen könne, „es wird außerdem während Ihres Hierseins auf Hiddensee in Ihrem Geiste gewachsen sein, was vorläufig noch in Manuskripten und Schubladen verborgen liegt und später einmal ans Tageslicht der Öffentlichkeit kommen wird." Hauptmann antwortete mit einer Dankrede, in der er beschrieb, wie sich die Insel in den 50 Jahren geändert habe, wer nun die Gäste seien – „abgesehen von den schönen und schönsten Frauen, Dichterinnen, Dichter, Maler, Bildhauer, Musiker, Schauspieler und sonstige Künstler ohne Zahl" – und prägte den oft zitierten Satz „Hiddensee wurde das geistigste aller deutschen Seebäder".

An der Rede Hauptmanns fällt auf, dass er nur die von ihm erlebten 50 Jahre benannte, auch nur für diese Zeit eine „Geschichte Hiddensees" anmahnte und im Übrigen alles Geschichtliche der Insel ausließ. Von Hiddensee findet der Leser des Hauptmann'schen Werkes das Interieur mancher Gebäude, die Landschaft und die Natur. Und die Menschen der Insel? Es ist ihnen eine „liebenswürdige Titelvignette" (Gustavs) in „Schluck und Jau" gewidmet, in „Gabriel Schillings Flucht" tauchen sie nur am Rande auf, obwohl das Stück auf Hiddensee spielt. Wichtiger war Hauptmann die Landschaft: Er wünschte sich 1912 eine Bühnendekoration von Max Kruse, in der Hiddensee zu sehen sein sollte („Sie kennen ja auch Hiddensee"), nicht unbedingt die Ruinen des Klosters, aber Dünen, Friedhofsmauern und ein Gittertor in den Friedhof (Brief Hauptmanns vom 30. Januar 1912 an Max Kruse, bei Negendank).

Das Verhältnis zu den Menschen der Insel war nicht spannungsfrei. Der letzte Fährmann der Fährinsel, Heinrich Gau, genannt „Fährheinrich", hatte gelegentliche Kontakte mit dem Dichter, auch unangenehme. An einem Augusttag 1926 ließ Hauptmann, erstmals in „Haus Seedorn", ausrichten, dass er um 22.30 Uhr von Schaprode nach Hiddensee übergesetzt zu werden wünsche. Fährheinrich wollte zwei Schüler, die auf die Fährinsel wollten, wo sie Gast waren, mitnehmen. Als Hauptmann die Schüler auf dem Boot entdeckte, war er empört, und Fährheinrich musste, wie er in seinen Erinnerungen schreibt, „nachgeben und sagen, die Schüler bleiben in Schaprode“. Auch Arnold Gustavs antwortete auf die ihm oft gestellte Frage „War Hauptmann eigentlich volksverbunden mit den Bewohnern von Hiddensee?“ mit einem klaren „Nein“. Hauptmanns Streit mit der Biologischen Forschungsstation wurde schon erwähnt, andererseits ließ er sich von den Mitarbeitern berichten und war mit den Gründern der Station Professor Dr. Fritz Gessner und Professor Dr. Erich Leick (1882–1956) gut bekannt.

Die Distanz, die Hauptmann zu den Inselbewohnern einnahm und einhielt, wurde ihm von vielen verübelt; aber sie war auch die Voraussetzung für ein möglichst ungestörtes Schaffen. Dem Wunsch der Besucher, den berühmten Dichter zu sehen, begegnete der mit dem Setzen von Bäumen und Sträuchern, um auf seinem Grundstück ungesehen zu bleiben. Andererseits ließ er sich gern von Jugendgruppen, die ihn in den 1920er Jahren häufig besuchten, feiern und ehren. Wenn er rechtzeitig von solchen Ehrungen erfuhr, arbeitete er eine Rede aus – frei zu reden allerdings lag Hauptmann überhaupt nicht – und las sie vor. Gustav Erdmann hat eine Rede vom 16. August 1924 vor den Schülern der Oberrealschule Stralsund zugänglich gemacht, die Hauptmanns Grenzen als Redner deutlich werden lässt: „Liebe Jungens! … wäre ich kein Dichter, so verkörpere ich doch in Euch eine Idee davon, und das ist immerhin viel. Ich meine, dass Euch der Anblick dieser verkörperten Idee zum Wesen der verkörperten Idee führen wird.“

Berühmt geworden ist ein Ereignis, von dem Arnold Gustavs berichtete: „Es war im Jahre 1924. Hauptmann wohnte

Bereits 1923 hatten sich die Familien Thomas Manns und Gerhart Hauptmanns in Bozen getroffen. Hauptmann lud den Kollegen nach Hiddensee ein, wo man im Sommer 1924 eine gemeinsame Zeit verbrachte. Es wurden spannungsvolle, abwechslungsreiche und ungewöhnliche Tage, die einen trinkfesten Mynheer Peeperkorn (das Abbild Gerhart Hauptmanns in Thomas Manns „Zauberberg") zeigten. Für zwei »Könige« war aber die Insel zu klein, und so fuhren die Manns vorzeitig von Hiddensee ab.

damals im ‚Haus am Meer', eine Treppe hoch. Zwei Treppen hoch, genau über ihm, hatte Thomas Mann Wohnung genommen. Jeder hatte einen Balkon, Hauptmann einen größeren, Thomas Mann einen kleineren, bei ebenfalls genau übereinander. Nun kam wieder eine Wandervogelgruppe und sang dem großen Gerhart Lieder. Nach einiger Zeit trat Hauptmann auf seinen Balkon und verlas seine Ansprache. Dann aber betrat Thomas Mann seinen Balkon und zeigte, was er konnte, und schmetterte in freier Rede scharfgeschliffene Worte auf die Köpfe der Jungen und Mädel nieder."

Nur einen Bewohner Hiddensees hat Gerhart Hauptmann in seiner Dankrede zur „Goldenen Hochzeit" mit der Insel namentlich erwähnt: „… der arme einstige Einsiedler von Hiddensee, Alexander Eddenburg, wenn er lebte und es ihm wirklich um Einsiedlertum zu tun wäre, würde sich einen anderen Ort aussuchen müssen." Alexander Ettenburg, eigentlich Alexander Eggers (1858–1919), machte Hiddensee weithin durch Vorträge, Gedichte und andere Texte, aber auch durch sein eigenes Leben auf der Insel bekannt. Er stammte wie Hauptmann aus Schlesien, war Schauspieler, später Schriftsteller und Rezitator, und siedelte, nachdem er mit einem Gasthof in Altefähr auf Rügen sein Vermögen verloren hatte, 1895 nach Hiddensee über, um als „Einsiedler" zu leben. Als äußeres Zeichen trug er einen weißen Talar, einen schwarzen Kragen und eine schwarze Kappe, manchmal auch eine Art Mönchsgewand. Sollte hier ein Vorbild für Gerhart Hauptmanns Franziskanerkutte zu finden sein, mit der er sich gerne am Strande zeigte, fotografieren ließ und auch die Inselfrauen erschreckt haben soll? Sollten die „Waldbücher" und die zahlreichen Hinweise auf Einsiedler in den Tagebüchern Ettenburg gegolten haben? Ettenburg richtete Gaststätten ein, schuf Gelegenheiten zum Luft-, Sonnen- und Seebaden, unterhielt ein Naturtheater und zog mit Esel und Kater über die Insel. Er wurde verlacht, verketzert und auch

Alexander Ettenburg (1858–1919) machte Hiddensee weithin bekannt, obwohl man auf Hiddensee nicht sehr freundlich mit ihm umging. Nachdem der Einsiedler, Schriftsteller und Regisseur 1910 seine „Eremitage auf Tannhausen“ aufgeben musste, gründete er bei Vitte die „Einsiedelei Mathilde“, wo er nicht nur ein gesundes Leben, sondern auch seine Liebe zu Hiddensee propagierte. Bald nach seinem Tod verschwand auch diese Einsiedelei.

Alexander Ettenburg trug einen weißen Talar, der an ein Mönchsgewand erinnerte, und zog mit Esel und Kater über die Insel.

vertrieben: Seine Bergwald-Schänke „Eremitage auf Tannhausen“, in der man auch Ettenburgs „Verbrennungssarg“ – für den eigenen Tod gedacht – mit einem Totenkopf und der Schrift „Das bist Du!“ besichtigen konnte, musste 1910 dem „Klausner“, einer Gaststätte, weichen, seine „Einsiedelei Mathilde“ in Vitte verschwand bald nach seinem Tod.
Ettenburg hat Hauptmann ein Denkmal gesetzt. Unter seinen zahlreichen Gedichten auf Hiddensee findet sich auch eines, in dem die Insel und der große Landsmann miteinander verbunden wurden: „Und bist ein Künstler, Dichter du: / Kehr ein auf Hiddensee! / Wie Gerhart Hauptmann find’st hier Ruh’, / Im Wald auf Bergeshöh’!“ Sollte Hauptmann ihn gerade deshalb als einzigen in seiner Dankesrede erwähnt haben? In Clara von Sydows Roman „Einsamkeiten“ wurde vor Ettenburg gewarnt, vor dem „Spektakelwald“ mit seinem „Oberpriester mit dem Klingklangpathos“. Und bei Hauptmann? Hat er, der alles Erlebte konsequent in Literatur umsetzte, auf diesen Zeitgenossen von Hiddensee verzichtet? Vielleicht ist er wie Peter Hille eine der vielen Vorlagen für den Harfner aus der Novelle „Mignon“, auch Cardenio im „Meerwunder“ scheint ihm ähnlich. Kaum einmal lässt sich eine der literarischen Figuren Hauptmanns auf eine einzelne Person zurückführen; zumeist sind es Bündelungen verschiedener Erlebnisse und Eindrücke.
Das gespannte und keineswegs freundliche Verhältnis zwischen Gerhart Hauptmann und den Hiddenseern, das von seriösen Hauptmann-Forschern bestätigt und von Gustav Erdmann bei alten Hiddenseern, die Hauptmann noch gekannt hatten, recherchiert wurde, hatte zwei Gründe: Erstens hatte Hauptmann die Insel als natürliches Refugium gesucht und sich daraus seine Insel geschaffen, die mit dem realen Hiddensee wenig gemein hatte: „Die insulare Kraft wächst um mich, ein Mensch und eine Insel gehören zusammen.“ (auf Hiddensee 1933, Hs 15, 84r) Auf dieser Insel hat-

ten die Einwohner keinen Platz, sondern nur die Natur und der Mythos, in ihrem Gefolge die Kunst. Deshalb finden sich in seinem Werk kaum einfache Hiddenseer, allenfalls stehen sie in der Landschaft oder sind Träger der vergangenen klösterlichen Geschichte.

Beziehungen unterhielt er nur zu Intellektuellen, die seinen Vorstellungen vom Künstler oder gebildeten Politiker entsprachen: Das waren auf Hiddensee der Pastor Arnold Gustavs, der Medizinalrat Curt Friedel, der Inselarzt Dr. Wilhelm Ehrhardt, der Gutspächter und Gemeindevorsteher Paul Wüstenberg, der Lehrer und Kantor Heinrich Berg, der bis 1933 auch Amtsvorsteher von Hiddensee war und am Grabe des Dichters die Hiddenseer vertrat, und wenige andere. Es sind zumeist auch diejenigen, die am 28. August 1935 am Festessen im Arbeitszimmer von „Haus Seedorn" anlässlich des 50. Jahrestages des Erstbesuchs Hauptmanns auf der Insel teilnahmen.

Hauptmanns Vorstellung von schlichten Hiddenseern verdichtete sich zum Typ: Zwei Gestalten in seinem Stück „Schluck und Jau" (1900) gab er die auf Hiddensee verbreiteten Namen Schluck und Gau (Jau), machte sie zu Titelgestalten und ließ sie als Trunkenbolde und Bettler auftreten. Wirkliche Menschen auf Hiddensee waren Gäste, wenn sie Hauptmann als Künstler und Schriftsteller anerkannte; „Gäste des Seebades" nannte er sie in seinen Stücken (z. B. „Der Flieger") und ließ sie so agieren. Das traf nicht auf alle Künstler zu; den Kreis um die Malerin Henni Lehmann (1862–1937) lehnte er schroff ab. Zweitens galt aber auch den Hiddenseern Hauptmann als Eindringling wie Ettenburg; der Abstand, den Hauptmann zu ihnen pflegte und auch ausstellte, wurde missbilligt und als Arroganz verstanden. Daraus entstand ihre Ablehnung, die auch nicht durch die würdigende Trauerrede des Fischers und Hauptmann'schen Hausmeisters Herbert Beyer anlässlich von Hauptmanns Beerdigung aufgehoben wird.

Den Tagesablauf Hauptmanns auf Hiddensee wie auch die abendlichen Gesellschaften im Abendzimmer, bei denen „bei einem guten Glase Wein geplaudert“ wurde, schilderten Arnold Gustavs und Erhart Kästner. Gustavs und der Hauptmann verehrende Erhart Kästner erinnerten sich an fröhliche Gesellschaften und „dass es bis nach Mitternacht ging und es wurde immer mächtig getrunken“. Wie solche Abende mit Hauptmann verliefen, nämlich als „Bacchanal“, ist aus einer anderen berühmten Quelle bekannt, aus der bereits zitiert wurde: Im Juli 1924 wohnte Thomas Mann mit seiner Familie, neun Personen insgesamt, im „Haus am Meer“ in Kloster. Dort logierten auch Gerhart Hauptmann und seine Frau. Auf dem Misthaufen vor dem Haus krähten gegen vier Uhr die Hähne; es war ein schöner Urlaub, in dem sich die Dichter direkt aus dem Bett die Düne hinunter ins Meer stürzten. Jede Familie hatte eine Wohnung mit Balkon genommen, die genau übereinander lagen. Im Jahre zuvor hatte man bereits zwei gemeinsame Wochen in Bozen verlebt, und Gerhart Hauptmann hatte sehr geraten, doch nach Hiddensee zu kommen. Thomas Mann erinnerte sich in der Gedenkrede zum 90. Geburtstag Gerhart Hauptmanns: „... die Frauen verstanden einander; und er zog mich an sich, wollte mich zum Genossen seiner geliebten Trinksitzungen in Bozener Weinhäusern und lachte mich herzlich aus, wenn mir nach all dem kalten Wein, den ich nur seinetwegen trank, der heiße Kaffee gar so wohl tat.“
Nun war aber die Begegnung weniger unbeschwert als erwartet, denn die Manns mussten erleben, dass Gerhart Hauptmann der König von Hiddensee war. Er war zudem, wie Katia Mann missbilligte, „dermaßen eindeutiger König, dass für uns dort wenig Aufmerksamkeit abfiel“. Anspruch stieß hier auf Anspruch, und das konnte nicht gut gehen. Zwar, so die Anekdoten, wäre zwischen den Männern Verständigung möglich gewesen, nicht aber zwischen den Frauen. Die

Manns reisten ab und verbrachten den Rest des Urlaubs auf Usedom in Bansin und Ahlbeck.

In dieser Zeit schrieb Thomas Mann am „Zauberberg"; am 23. Juli 1924 teilte er aus Kloster dem französischen Germanisten Felix Bertaux mit, dass er den großen Roman in den nächsten Wochen zu beenden denke. Am 28. August 1924 rechnete er in einem Brief an Ernst Bertram mit dem Abschluss im Oktober. Im Schlussteil des Romans spielt Mynheer Peeperkorn als einer der drei Erzieher der Hauptfigur Hans Castorp eine wichtige Rolle; Peeperkorn aber ist ein Abbild Gerhart Hauptmanns. Die Eigenheiten des Dichters waren Thomas Mann schon 1923 in Bozen aufgefallen. Ohne dass Thomas Mann das Treffen auf Hiddensee geschildert hat, lässt sich vorstellen, dass die Zusammenkünfte Hauptmanns mit seinen Gästen an allen Adressen ähnlich verliefen, ob sie nun im „Haus am Meer" oder später im „Haus Seedorn" stattfanden. Mynheer Peeperkorns besondere Eigenschaften sind zwei: Seine oft und gern angebrachten Reden sind inhaltlich und grammatisch Stückwerk und belanglos; seine Leidenschaft der Alkohol.

Die Diagnose des Erzählers für Peeperkorn lautet „gehörige alkoholische Verschleimung"; die Beschreibung durch Hans Castorp und den Erzähler konzentriert die Einzelheiten in den Gegensatz „Robust und spärlich", sich sowohl auf das Äußere als auch die Äußerungen beziehend: Nach einer der wortreichen, aber sinnlosen Reden Peeperkorns beschreibt der Erzähler die Situation: „Er hatte nichts gesagt; aber sein Haupt erschien so unzweifelhaft bedeutend, sein Mienen- und Gestenspiel war dermaßen entschieden, eindringlich, ausdrucksvoll gewesen, dass alle und auch der lauschende Hans Castorp höchst Wichtiges vernommen zu haben meinten oder, sofern ihnen das Ausbleiben sachlicher und zu Ende geführter Mitteilung bewusst geworden war, dergleichen doch nicht vermissten." Und danach richtete Peeperkorn sich auf, „dehnte die breite Brust, knöpfte den karierten Gehrock über die geschlossene Weste zu, und sein weißes Haupt war königlich."

Die nächste Rede hat das Ziel, „Gottesbrot, klares Brot", also Schnaps herbeizubeordern: „‚Sohin', erklärte er, ‚labt Pieter Peeperkorn sich mit einem Schnaps.'" Thomas Mann beschreibt, von ihm im schon zitieren Brief an Bertaux auch zugegeben, parodistisch: die Goethe-Ähnlichkeit, die inhaltslose königliche Gebärde, die Unfähigkeit zu theoretischer Abstraktion, die Freude an geistigen Getränken. Thomas Manns Erzähler bringt es in die kurze Charakteristik: „Ein eigentümlicher, persönlich gewichtiger, wenn auch undeutlicher Mann." Und Hans Castorp beschreibt ihn als „verwischte Persönlichkeit". Die Gesellschaftsabende im „Berghof" – auch das „Haus am Meer" liegt hoch über der See – werden von Peeperkorn dominiert, ohne dass die „unverständliche Abgerissenheit, Undeutlichkeit und tatsächliche Unbrauchbarkeit" des von Peeperkorn Gesagten aufgefallen wäre. Vielmehr vollzieht sich die ausufernde Belebung der Gesellschaft durch viel Wein. Peeperkorn selbst trank zu jeder Hauptmahlzeit mindestens eine, aber auch anderthalb oder zwei Flaschen, „zu schweigen von dem ‚Brote', mit dem er schon beim ersten Frühstück begann". Und bei Gesellschaften wurde der Wein in Dreizahl bestellt, ein weißer Chablis vom Jahre 1906, „drei Flaschen für erste", „drei neue Flaschen" und so weiter; später werden „drei Flaschen Mumm & Co., Cordon rouge, très sec" bestellt, wohl eine ironische Spitze Thomas Manns zur Unterhaltung des Lesers, denn Alfons Mumm, seit 1889 Freiherr von Schwarzenstein, war nicht nur Botschafter in China, sondern auch Gesprächspartner und Bekannter Hauptmanns bei Riviera-Aufenthalten und Namensgeber der berühmten Sektmarke „Mumm". Gerhart Hauptmann stellte diese Bekanntschaft mit Mumm gern aus. Nach Wein, Korn und Champagner schließlich „läuterte" sich Peeperkorn zu einem „Schweizer Roten von naiv-spritziger Art durch“, „von dem er mit wirklichem Durst einen Glasbecher nach dem anderen hinunterschüttete“. Selbst am Ende der Orgie doziert Peeperkorn noch und spricht Fragmentarisches aus, das sich in Hauptmanns Diarien findet: „Heilig in jederlei Sinn, im christlichen wie im heidnischen!“

Es fanden während des Aufenthalts der Hauptmanns und Manns gemeinsame Feiern statt. Am 20. Juli 1924 beging man den Geburtstag Katia Manns. Thomas Mann berichtete in mehreren Briefen darüber: „Es ist uns gut bekommen.“ Genauer und ausführlicher beschrieb die achtzehnjährige Erika Mann in einem Brief an ihre Freundin Pamela Wedekind diese Feier und ihre Ferien: „In der Nacht war das komischste Fest gewesen, das ich in meinem langen, langen Leben mitmachte – bei Hauptmanns. Erst waren viele Wandervögel zum Dichter gepilgert, hatten gesungen und gesprungen und er hatte dümmlich geredet und Magda Bauer tanzte und schon all das war Scherz genug. Aber dann ging man in die werte Privatwohnung und dort gab es so toll und voll Bowle, dass alle aber auch alle (mit Ausnahme des Zauberers, versteht sich) recht sehr betrunken waren.“

In der folgenden Aufzählung finden sich auch die „Repräsentanten“ der „Republick Hiddensee“ Schillings, Hülsen und Max Kruse. Von der Hauptmann’schen Bowle hatten schon die Mitglieder des Vereins „Durch!“ in Berlin geschwärmt, als sie Hauptmann 1887 in Erkner besuchten. Erika Manns Urteil über Gerhart Hauptmann fiel dennoch sehr freundlich aus: „Er ist ein Lichtalbe im andern Sinn des Wortes und hat dabei etwas so uneitel Melancholisches; – ich mag ihn schon sehr gern.“ Vernichtend dagegen waren die Urteile der jungen Frau über Margarete, das zurückhaltendste war noch, dass sie „so unliebenswürdig“ sei (Thomas Mann Jahrbuch Bd. 6/1993).

Am 11. August 1924 schrieb Hauptmann einen sehr freundschaftlichen Brief an Thomas Mann und lud ihn nach den

„Lichtinseln, Bozen und Hiddensee“ nach Agnetendorf ein. Und Thomas Mann grüßte von der Riviera zurück. Gestört wurde die Beziehung, als Gerhart Hauptmann sein Bild im „Zauberberg“ gefunden und gelesen hatte. Er schrieb wütende Randbemerkungen in sein Exemplar des Romans: „Und diesem idiotischen Schwein soll ich gleichen?“, „Was soll das alles?“, „Wer ist nun hier der Schwätzer: Peeperkorn oder Mann?“ Dann empörte er sich in einem Brief vom November 1924 an seinen Verleger Samuel Fischer: „Kurz, einem Holländer, einem Säufer, einem Giftmischer, einem Selbstmörder, einer intellektuellen Ruine, von einem Luderleben zerstört, behaftet mit Goldsäcken und Quartanfieber, zieht Thomas Mann meine Kleider an.“ Aber schon im Januar 1925 trug er in sein „Diarium“ ein: „Thomas Mann – bedeutendes Werk: endlich etwas Diskutables in Deutschland. (‚Zauberberg‘.)“ Doch im gleichen Zusammenhang richtete er all seinen Zorn auf Katia Mann, die aus einer jüdischen Familie stammte: „Thomas Mann als Produkt seiner Frau zu betrachten wäre nicht unwichtig: tiefste Gegensätze – Vereinigung unmöglich, trotzdem vereinigt – wodurch? Hanseaten- = Judenbrücke = Geld.“ Hülsen berichtet davon, dass Hauptmann Thomas Mann „mehr Haltung und Geschlossenheit“ als Heinrich Mann bescheinigt habe. Als Margarete daraufhin Thomas Mann abwertend als „Philister“ bezeichnete, war er anderer Meinung, weil solche Haltung gerade das richtige Ordnungsprinzip für den Künstler sei: „Der Mensch braucht, wenn er produktiv sein will, eine gewisse feste innere und äußere Form.“ Dann schrieb Thomas Mann am 11. April 1925 einen Entschuldigungsbrief wegen des „schlechten Streiches“ und der „Künstlersünde“ an Hauptmann, den erst der berühmte Literaturwissenschaftler Hans Mayer, der mit Thomas Mann befreundet und mit Gerhart Hauptmann vertraut war, in seiner schönen Darstellung der Beziehung Gerhart Hauptmanns zu Thomas Mann lange nach dem Tod Haupt-

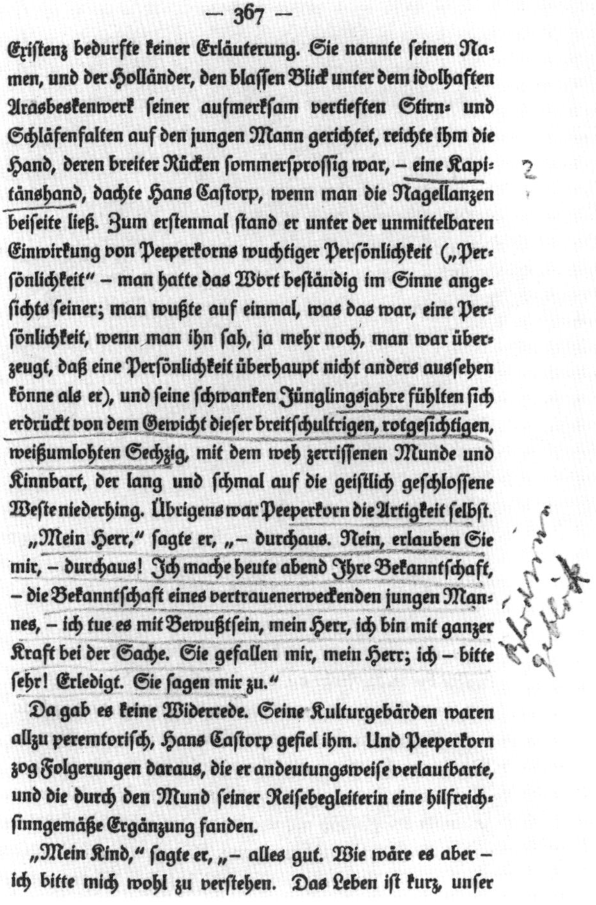

— 367 —

Existenz bedurfte keiner Erläuterung. Sie nannte seinen Namen, und der Holländer, den blassen Blick unter dem idolhaften Arabeskenwerk seiner aufmerksam vertieften Stirn- und Schläfenfalten auf den jungen Mann gerichtet, reichte ihm die Hand, deren breiter Rücken sommersprossig war, – eine Kapitänshand, dachte Hans Castorp, wenn man die Nagellanzen beiseite ließ. Zum erstenmal stand er unter der unmittelbaren Einwirkung von Peeperkorns wuchtiger Persönlichkeit („Persönlichkeit" – man hatte das Wort beständig im Sinne angesichts seiner; man wußte auf einmal, was das war, eine Persönlichkeit, wenn man ihn sah, ja mehr noch, man war überzeugt, daß eine Persönlichkeit überhaupt nicht anders aussehen könne als er), und seine schwanken Jünglingsjahre fühlten sich erdrückt von dem Gewicht dieser breitschultrigen, rotgesichtigen, weißumlohten Sechzig, mit dem weh zerrissenen Munde und Kinnbart, der lang und schmal auf die geistlich geschlossene Weste niederhing. Übrigens war Peeperkorn die Artigkeit selbst.

„Mein Herr," sagte er, „– durchaus. Nein, erlauben Sie mir, – durchaus! Ich mache heute abend Ihre Bekanntschaft, – die Bekanntschaft eines vertrauenerweckenden jungen Mannes, – ich tue es mit Bewußtsein, mein Herr, ich bin mit ganzer Kraft bei der Sache. Sie gefallen mir, mein Herr; ich – bitte sehr! Erledigt. Sie sagen mir zu."

Da gab es keine Widerrede. Seine Kulturgebärden waren allzu peremtorisch, Hans Castorp gefiel ihm. Und Peeperkorn zog Folgerungen daraus, die er andeutungsweise verlautbarte, und die durch den Mund seiner Reisebegleiterin eine hilfreich-sinngemäße Ergänzung fanden.

„Mein Kind," sagte er, „– alles gut. Wie wäre es aber – ich bitte mich wohl zu verstehen. Das Leben ist kurz, unser

Thomas Mann beschäftigte sich während seines Aufenthaltes auf Hiddensee 1924 mit seinem Roman „Der Zauberberg", der kurz vor dem Abschluss stand. Der Mynheer Peeperkorn darin ist ein Porträt Gerhart Hauptmanns; es wird geprägt von Reden, die inhaltlich und grammatisch Stückwerk und belanglos sind, und der Leidenschaft zum Alkohol. Hauptmann war entsetzt und versah sein Exemplar des Romans mit zornigen Kommentaren.

manns veröffentlichen durfte: In Bozen, so Thomas Mann, habe er „beim Wein“ jene Romanfigur gefunden, die er lange gesucht habe, Gerhart Hauptmann. Es lässt sich hinzufügen, auf Hiddensee wurde das Bild bestätigt. Die Dichter versöhnten sich, indessen wurde das Verhältnis nie wieder so, wie es am Strande von Hiddensee war. Noch in der „Entstehung des Doktor Faustus“ gab Thomas Mann „das Gran Ironie“ zu, dass seiner Bewunderung für Hauptmann „beigemischt war“.

Thomas Mann konnte sich mit dem Geld seines Nobelpreises in Nidden eine Sommerresidenz bauen, nachdem er 1929 die Kurische Nehrung für sich entdeckt hatte. Von „Strand zu Strand“ ging am 8. August 1932 eine Postkarte an Gerhart Hauptmann: „Lieber, verehrter Gerhart Hauptmann, erlauben Sie, dass wir Ihnen von Strand zu Strand unsere Grüsse senden und ihnen unser Häuschen präsentieren.“ Man darf annehmen, dass beim Vorlesen der Karte Thomas Mann das „unser“ betont hätte.

Vom Weine ließ Hauptmann nicht: Gustavs musste Fässer einlagern, in „Haus Seedorn“ wurden die Tonröhren mit auserwählten Flaschen gefüllt. Noch am 25. Juni 1944 bestellte Hauptmann Assmannshäuser Rotwein, die Lage „Rüdesheimer Berg Schlossberg“, „wie gerne würde ich 50–100 Flaschen davon in meinen Keller bekommen“ und wenige Monate vorher, am 28. Februar 1944, 60 Flaschen „Winklerberg“: „Die Bordeauxs von heute haben nicht immer die schöne schlichte Wahrheit Ihres Weinberges.“ Weine und dazugehörige Weinkarte sind heute in „Haus Seedorn“ wieder zu kaufen. Die Hotels auf Hiddensee bieten die Weine an.

„Haus Seedorn“ wurde auch ein Ort der Auseinandersetzung Hauptmanns mit seiner Zeit. Eindrucksvoll sind jene Inschriften, die Hauptmann an Wände und Türen schrieb, von Betrachtern wie dem „Stern“-Reporter Peter Sandmeyer („wo er nächtens mit schwerem Kopf die Wand neben seinem

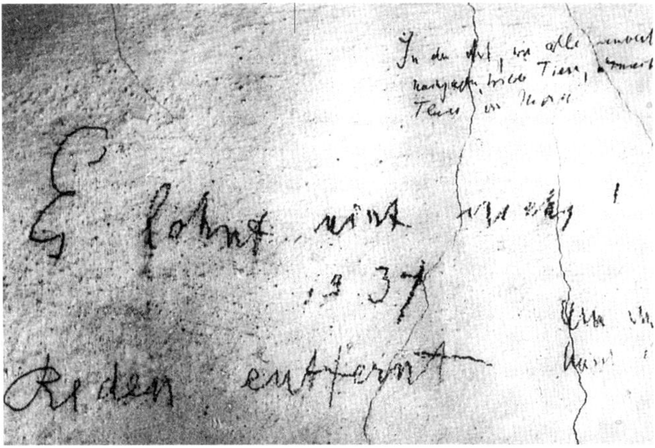

Schon auf dem „Wiesenstein“ hatte Hauptmann die Wände seines kleinen Schlafzimmers über und über mit Worten und Sätzen beschrieben, die Ausdruck seiner nächtlichen Einfälle waren. Auch im Schlafzimmer von „Haus Seedorn“ finden sich solche Eintragungen. Berühmte lauten: „Es lohnt nicht mehr! 1934“ und „Reden entfernt“.

Messingbett bekritzelte“) als Folge weinseliger Verwirrung gesehen. Nichts liegt ferner als das, wie es überhaupt kein Zeugnis gibt, dass durch Geselligkeiten und Trinkgelage Hauptmann einmal beeinträchtigt gewesen ist. Vielmehr galt auch danach ein präziser Tagesablauf.

Die Inschriften sind Bemerkungen über Töten, Mord und Verzweiflung, das sind jedoch Erfahrungen, die bei Hauptmann nicht zeitabhängig sind, sondern die zu seinen Vorstellungen vom Chthonischen gehören und die er besonders aus dem antiken Mythos herleitet. Sie verbinden sich bei Hauptmann mit einer Schicksalsvorstellung, in der der Mensch das vorherbestimmte Schicksal als göttliche Bestimmung anzunehmen hat. Aufschlussreich sind die Inschriften aber auch, weil er, als er sich mit Homer beschäftigt, das Judentum vorzieht: „Homer kann sich mit dem menschlichen Schatz des Judentums nicht messen (im alten und neuen Testament) und ebenso wenig Hesiod.“ Ein humanes Judentum stellte er über eine mörderische Antike. Auch seine literarischen Gestalten scheinen ihm nachts begegnet zu sein: Iphigenie steht wahrscheinlich hinter „Ihpig“ („die wahre Welt der Krieg“), Götter („Ich sah noch keinen außer in Stein, Erz oder gar aus Holz“), und Hekate/Artemis ist zu erkennen im Satz „Die Fürchterliche steht und glotzt herab, vom Himmel Gottesfurcht.“, der nur wenig verändert auch im Tagebuch von 1940 steht (Hs 11c, 7v; September) und auf die Arbeit an „Iphigenie in Delphi“ hinweist.

Im Zweiten Weltkrieg kam Herbert Glienke als Arzt nach Rügen und betreute vertretungsweise auch Hiddensee. In der Gestalt des Jens Uhl hat er in dem Buch „Inselarzt“ seine Erlebnisse berichtet, auch die mit Gerhart Hauptmann und Frau Margarete. In einem Brief Margarete Hauptmanns an Pfarrer Gustavs vom 22. Juni 1943 fragte diese einerseits nach einem „vertrauenswürdigen Arzt“ für Hauptmann, um kurz darauf andererseits zu bitten, vielleicht Dr. Glienkes Motor-

boot für die Überfahrt nutzen zu können. Vertrauenswürdiger Arzt und Motorbootbesitzer waren für Margarete Hauptmann nicht identisch. Manches ist bei Glienke Dichtung, wie die Beschreibung des Hauses, „umgeben von alten Bäumen, und hinter Sträuchern versteckt"; denn erst nach dem Kauf hatte Hauptmann Bäume pflanzen lassen, die nun erst zwölf Jahre alt waren. Noch in der Mitte der 1930er-Jahre, so erinnerten sich Benvenutos dritte Frau Annalise und ihr Sohn Arne, konnte man durch Sand und Seedorn bis zum Strand laufen. Alte Bäume standen also nicht um das Haus. Der „etwa 30 Meter lange, alte, gotische Kreuzgang" stammte aus dem Jahre 1931 und war nicht echt, sondern Gewölbeimitationen aus Putz. Anderes aber bietet ein Mosaiksteinchen für das Bild des Schriftstellers: Gerhart Hauptmann, der den Tee selbst brühte, auf die Mischungen achtete und im Übrigen den strengen Weisungen seiner Frau zu folgen hatte.
Zweimal in der Woche besuchte der Arzt Hauptmann, der Dichter sprach wenig, über Politik fast nicht, der Name Hitler wurde nicht genannt. Nur einmal soll Hauptmann zu dem Arzt gesagt haben: „Deutschland ist nun ein riesiger Zoo mit dressierten Affen, die immer üben müssen, den Arm zu heben und dann zu schreien."
Auch ganz Alltägliches ereignete sich: Margarete und Gerhart stritten miteinander. Die Vergangenheit brach auf, „alte Geschichten, Eifersucht" (Erhart Kästner). Streitende war vor allem Margarete, während der Dichter zuhörte, schwieg und sich schließlich erhob, um ans Meer zu gehen.
Hauptmanns Leben auf der Insel blieb als Thema gegenwärtig, mit seinen Merkwürdigkeiten und Anekdoten, mit den Spannungen und Freundschaften. Dem Dichter Hanns Cibulka, der seine persönliche Beziehung zu Hiddensee und Gerhart Hauptmann fesselnd beschrieb („Seedorn. Tagebucherzählung", 1985), begegnete im Nebel eine greise Gestalt:

„Dieser Mann gleicht von Kopf bis Fuß dem alten Gerhart Hauptmann, dem Achtzigjährigen, ich habe ihn in Breslau ja selbst noch gesehen. Er trägt einen hellgrauen Anzug, Knickerbocker, karierte Strümpfe. Ich sehe seinen mächtigen Schädel, das weiße Haar, unverkennbar sein Porträt ... Er bleibt an der Steilküste stehen, blickt hinaus auf das Meer, nach einer Weile greift er mit der rechten Hand in die Seitentasche, holt einen Notizblock hervor, einen Bleistift, ich sehe, wie er etwas aufschreibt, notiert, dann steigt er die Stufen hinab, die hinunter zum Strand führen."

Das Jahr 1940

Hauptmann begann am 3. Juli 1940 in Agnetendorf begeistert ein neues Tagebuch: „Ich beginne dieses Buch Mittwoch, den 3. Juli 1940, Zeit des größten deutschen Krieges und bisher größten Sieges.“ (Hs 11c, 1r) Hauptmann begrüßte den Sieg der Wehrmacht über Frankreich. Dann kündigte er die Fahrt nach Hiddensee an und hoffte, am 6. Juli dort zu sein. Am 5. Juli 1940, einem Freitag, übernachteten die Hauptmanns auf der Reise zur Insel in Stralsund. Sie wurden durch Fliegeralarm gestört, kamen aber im Laufe des 6. Juli in „Haus Seedorn“ an. Hauptmann notierte in sein Tagebuch: „Man ist auf seiner Scholle, der körperlichen wie geistigen, mag kommen, was Gott verhängt.“ (Hs 11c, 2r) Hiddensee tritt an die Stelle aller Stätten, an denen sich Hauptmann daheim fühlte. Endgültigkeit wurde empfunden, aus der heraus Hiddensee, wie schon beim jungen Hauptmann, „die Insel“ wurde. In einer kaum zuvor vorhandenen Intensität dachte Hauptmann auf Hiddensee nun über Dichtung, Schöpfung und seinen Anteil daran nach, „auf der Insel des Alters. Einsam sinnend enteil ich mir selbst“. (Hs 11c, 4r)

Der Aufenthalt auf Hiddensee 1940 dauerte lang, war ereignisreich, zumal die deutsche Politik sich in Hauptmanns Überlegungen auswirkte, und führte zu einem der interessantesten Schaffensabschnitte des Dichters. Das wichtigste Ergebnis des Inselbesuchs 1940 aber war, dass Hauptmann in wenigen Wochen die erste Fassung der „Iphigenie in Delphi“ diktierte, angeregt durch eine Bemerkung Goethes in

der „Italienischen Reise“. Eine zweite Fassung schloss sich an.
Bereits im Frühjahr 1940 hatte Gerhart Hauptmann eine Begegnung, die für die nächsten Jahre folgenreich werden sollte. In Dresden hatte der Dichter am 8. März sein Werk „Die Tochter der Kathedrale“ (Regie: Gustav Kiesau) gesehen; Virginia Dulon spielte darin die Frene und begeisterte den Dichter, der bei der Aufführung mit Ovationen gefeiert wurde. Die schöne Virginia Dulon (1910–2002, seit 1947 verheiratet mit Ernst Heinrich Prinz von Sachsen und mit ihm in Irland lebend) gehörte von nun an zum Freundeskreis der Hauptmanns, war 1941 Gast auf Hiddensee und 1943 auf dem Wiesenstein, traf sich mit den Hauptmanns 1942 in Dresden. Vor allem aber wurde sie die erste Dresdner Iphigenie in Hauptmanns „Iphigenie in Aulis“ am 25. November 1943, zehn Tage nach der Uraufführung in Wien, in Dresden aufgeführt (Regie: Rudolf Schröder), zwei Tage später wiederholt. Hauptmann wurde begeistert gefeiert. Virginia Dulon faszinierte das Publikum in dieser Rolle und wurde insbesondere Hauptmanns Vorstellung von der Allgewalt des Schicksals gerecht: Die Iphigenie der Dulon war die Vollstreckerin der ewig gültigen Gesetze der Götter. Das Konzept zu dieser Sicht auf den antiken Mythos, die Dramaturgie eines ewig gültigen Schicksals, dem der Mensch unterworfen ist, vollendete Gerhart Hauptmann im Sommer 1940 auf Hiddensee und setzte es in „Iphigenie in Delphi“ und „Iphigenie in Aulis“ adäquat um. Das Jahr 1940 und der Aufenthalt auf Hiddensee prägten das Spätwerk Gerhart Hauptmanns.
In der Hochstimmung, in die der Dichter durch die deutschen Siege gelangt war, reflektierte er seinen Charakter und bestimmte: „Mein Leben ist ein Meer von Widersprüchen, aus dem ich nur mit meinem Tode aufzutauchen hoffen darf.“ (Hs 11c, 1r) Denn die Lösung der Widersprüche hatte Hauptmann längst aus seinem Denken verbannt. Ein selbst

erteilter Auftrag schloss sich an: „Einen Geist, der unsrer heut gelebten Gegenwart eigentlich gerecht werden könnte, gibt es bei uns noch nicht." (Hs 11c, 2r) Dieser Tenor bestimmt das Ende der 1. Fassung der „Iphigenie in Delphi", die in der Zeit auf Hiddensee entsteht: Iphigenie und Orest bekommen ihr „Mutterland" (CA IX, 1478) geschenkt und sollen „auf neuem, festen Grund" ihr Haus errichten, das alles „wissend durch den Gott". (CA IX, 1479) Für den Dichter war Hiddensee die Ankunft daheim wie für Orest Delphi. Hauptmann wollte der Dichter, der Geist werden, den er im Angesicht der neuen Zeit vermisste; mit „Iphigenie in Delphi" sollte das zugehörige Stück für die Zeit geschrieben werden, ein Stück von antiker Größe und Blut, von Sieg und göttlichem Schicksal: „Orest, eine nach innen geschlagene Form der allgemeinen und bis auf den heutigen Tag im Peloponnes lebendigen Blutrache." (Mitte Juli, Hs 11c, 5r) Den Anspruch festigte er mit dem Verweis auf Schiller, dem er sich mit dem Stück nah wie nie fühle, Grund sei „das Pathos". (27. September 1940, Hs 11c, 8r) Die Arbeit an „Iphigenie in Delphi" ging zügig voran; die erste Fassung lag am 7. August 1940 vor: „Trüber Morgen. Übertragung auf die Seele: Trübsal. Das Wort fehlt in ‚Iphigenie in Delphi', deren erste Durchschrift gestern vollendet." (8. August 1940, Hs 11c, 5v) Das Stück bedeutete den Gegensatz von Trübsal, also Freude, Freude des Dichters in der Zeit der Siege.

Orests Rettung, Entsühnung, Erhöhung und Krönung, so endet die zweite und endgültige Fassung vom 18. September 1940, entsprach der Hochstimmung des Sieges über Frankreich und der Begeisterung über den Bund mit Italien; Iphigenies Tod war das für solche Siege notwendige Opfer. Dieser Gegensatz entsprach der Spannung von Utopie und Mythos. Während Orest das Prinzip des Lichtes, der Erlösung und Weltenharmonie repräsentiert, also die Verwirklichung einer Utopie erahnen lässt, fällt Iphigenie in den Mythos zurück und erfüllt die ihr aufgelegten göttlichen Bestimmungen. Das Schicksal war in beiden Fällen Sieger. Am Ende der „Iphigenie in Delphi" spricht der Apoll-Priester Pyrkon es aus: „Doch wer zum Opfer einmal ausersehen / von einer Gottheit – ob es auch so scheint, / er habe ihrem Spruche sich entwunden –: / die Moiren halten immer ihn im Blick / und bringen, wo er dann auch sich versteckt, / an den gemiednen Altar ihn zurück." (CA III, 1090) Der Spruch von Delphi ist auf Hiddensee literarische Wirklichkeit geworden; Hauptmann hat das, wie er meint, göttliche Werk zum heroischen Schicksal geschrieben. Dazu musste er über Goethe hinausgehen und er tat es: Zwar sei Goethes „Iphigenie" ein herrliches Werk, aber die taurische Iphigenie, die „Furchtbare", habe in Wirklichkeit Griechen in Menge geopfert, während Goethes „Heldin" nie, wie die Taurische, „Griechen in Menge getötet" habe. Man traue ihr nicht einmal einen Ritualmord zu. Wirkliches Menschentum entstünde aber durch Krieg, so ist bald darauf im Tagebuch zu lesen; das bedeutete, dass Menschentum durch Opfer entsteht. Hauptmann entwickelte die entgegengesetzte Lösung zu Goethe: Iphigenie geht göttlich bestimmt in den Tod, aus Todesfurcht wird das Selbstopfer. Eine Erklärung dafür musste Hauptmann nicht geben, weil es nicht die Entscheidung Iphigenies, sondern die Weisung der Artemis und der Wille Apolls war. Sie stürzt sich in die Phädriadenschlucht, weil das die Götter für sie bestimmt haben und der Mensch seinem Schicksal, das göttlicher Wille ist, nicht entgehen kann. Opfer sind notwendig, sie werden von den Göttern bestimmt und dem Menschen obliegt es, das Schicksal anzunehmen.

Am 3. Oktober war der letzte Tag auf Hiddensee; Hauptmann dachte – auch im Zusammenhang mit der Arbeit an seiner „Iphigenie in Delphi" – einmal mehr über die Prinzipien seines Lebens nach und hatte nunmehr allen Grund. Seine Unentschlossenheit, die er zum Lebensprinzip gemacht hatte, war längst in einer geistigen Polarität und gegensatzreichen Lebensführung zwischen unterschiedlichen Orten angekommen, in der sie nicht mehr kritikwürdig erschien. Aus Ansorges „Nu jaja! – Nu nee nee!“ („Die Weber“) waren inzwischen Konstellationen wie Dionysos und Apollo, die zwei Frauen des Grafen von Gleichen und Hauptmanns lebenslanges Schwanken zwischen heidnischem, antikem und christlichem Mythos, der Wechsel extremer Lebensorte zwischen Berg und Meer, Agnetendorf und Hiddensee und anderes geworden. Es war zum Gegensatz von göttlichem Schicksal und menschlichen Opfer gereift. Nun wurde es der Gegensatz von Tag und Nacht, wie er ihn in sein Tagebuch eintrug:

Tag vor der Abreise von Hiddensee.
Ich erkenne, dass mein Tag in zwei völlig getrennte Hälften zerfällt: den von der Sonne erhellten Tag und die Nacht.
Diese Nacht ist etwas völlig andres, als der Sonnentag.
Dionysos regiert darin, der Rausch, die Begeisterung, das Sehertum und die Sterne:
Damit ist aber das völlig andere der Nacht nicht ausgesprochen: Der Geist blüht darin auf, Fackelartig, eine Zaubergegenwart der Vergangenheit, ein Wissen von ihr, ein Hellsehen etc.
Morgens und am Tage meist völliges negieren des Weins etc.
(Hs 11, 9r)

Eines der schönsten Gedichte Hauptmanns entstand im Juli 1940 aus dem Gefühl heraus, auf dieser Insel sein Refugium gefunden zu haben und hier, fern der gefährlichen Welt, mit sich und seiner Unentschiedenheit leben zu können. In der ersten Fassung strich er drei Verse, die sich auf die Gegenwart bezogen: „Die Erde zittert um uns her / und raucht vor Wut / Keine Taube kommt übers Meer.“ Hiddensee, das endgültig zur Erfüllung seines Inselgedankens geworden war, musste das Aktuelle verlieren, sollte es zum Sinnbild zeitloser Schönheit werden. Im Sommer 1943 ließ Hauptmann ein Typoskript des Gedichts von 1940 anfertigen, fügte Änderungen ein und vollendete seine Huldigung an Hiddensee, der im Druck der Titel „Die Insel“ gegeben wurde:

Die Insel
Hier, wo mein Haus steht,
wehte einst niedriges Gras:
ums Herz Erinnerung weht,
wie ich dereinst
mit Freunden hier saß.
Wir waren zu drei’n,
vor Jahrtausenden mag es gewesen sein.
Es war einsam hier,
tief, tief!
So waren auch wir.
Verlassenheit über der Insel schlief.
Dann kam der Lärm,
ein buntes Geschwärm:
entbundener Geist,
verdorben, gestorben zu allermeist.
Und leben wir in fremdmächtiger Zeit,
verschlagen wiederum in Verlassenheit.
In meines Hauses stillem Raum
herrscht der Traum.

Das Gedicht ist ein Schlüsselgedicht und eine Zusammenfassung zu Hauptmanns Vorstellungen von Insel und Hiddensee. Sowohl die Leitbegriffe wie Insel und Traum als auch zeitliche Abfolgen („Dann kam der Lärm“ und anderes) wurden verwendet. Unter den Veränderungen fällt jene besonders auf, die auf das frühe Gedicht „Mondscheinlerche“ zu

verweisen scheint. Das lyrische Subjekt erinnert sich „wie ich dereinst mit dem Freunde saß, / wir waren zu drei'n", das könnte auf den Bruder Carl und den Freund Hugo Ernst Schmidt bezogen sein, die Hauptmann beim ersten Besuch 1885 begleiteten. Geändert wurde in „dereinst mit Freunden saß. / Wir waren zu drei'n ...". Hier scheint der Bruder zu fehlen, dafür rückt neben dem Freund Hugo Ernst Schmidt auch der Freund Alfred Lottermoser wieder in die Erinnerung. Von Frauen ist in beiden Fassungen keine Rede. Für die Veränderung spricht, dass Hauptmann mehr und mehr den Bruder aus seiner Erinnerung verdrängte. Als Carls Frau Martha 1939 starb, sah er in ihr ein Opfer des „allenthalben exaltierten Bruders", der bereits 1921 gestorben war, aber ihr ein „krampfhaftes Leben aufgenötigt" habe, auch noch nach der Scheidung. Nach dem frühen Streit hatten sich die Brüder nicht wieder versöhnt.
Am 8. September war Behl auf der Insel angekommen und erlebte Hauptmann wie im Rausch, nachdem er wie „in Trance" die Verse der „Iphigenie" diktiert hatte. Im „Collegium dramaturgicum", so nannte Hauptmann den kleinen Kreis auf Hiddensee, dem neu entstandene Werke in „Haus Seedorn" zuerst vorgestellt wurden, las Behl am 11. September 1940 die dreiaktige Dichtung vor. Hauptmanns Iphigenie war die Priesterin der blutigen Menschenopfer. Man las das Werk nach dem Zusammenbruch Deutschlands und der Befreiung vom Faschismus als ein Sinnbild der barbarischen Nazi-Zeit, in der Hauptmanns Tetralogie entstand. Man sah darin Hauptmanns Kritik am Faschismus, aber Hauptmann glaubte an einen historischen Zusammenhang von deutschen Siegen und einem sich anschließenden „glücklichen Frieden", der den Grundstein für einen „Deutsch-Europäischen Neubau" lege (an Erhart Kästner am 10. Juli 1941).

Abschied und letzte Ankunft

Der Abschied von Hiddensee verlief langsam und in Abschnitten. Die Ankunft am 6. Juni 1941 wurde vom Tod des Inselpatriarchen Paul Wüstenberg überschattet, „der in unendliche Erinnerungen eingeflochten ist“. (Hs 3, 29r) Bereits am nächsten Tag notierte Hauptmann, wohl im Angesicht des Todes von Wüstenberg: „Erster Morgen auf Hiddensee. Dank Natur Gott und Göttern nochmals hier. Und ein Sprosser singt unermüdlich. Schreibe das Buch ‚Hiddensee‘. Du tust anderen und dir selbst einen Gefallen.“ (Hs 3, 29v) Dann nahm sich Hauptmann ein altes Manuskript vor, das von 1901/02 stammte: „Gudrun“; Anlass war ein Treffen mit Gudrun von Hoyningen-Huene kurz zuvor in Berlin, der er 1939 ein Gedicht gewidmet hatte. Der Sommer 1941 stand im Zeichen Goethes, den Briefwechsel des Dichters mit Schiller trug er ständig bei sich. „Faust“, „Urfaust“ und „Die Leiden des jungen Werther“ waren Gesprächsthemen, aber auch die Schauspielkunst Stanislawskis, die Hauptmann bewunderte. Die am 30. Juli beendete sechste Fassung der „Iphigenie in Aulis“ („doch wieder ein Geschenk der Götter und der Insel Hiddensee“, Hs 3, 46v), wurde im „Collegium dramaturgicum“ gelesen; über eine Gesamtausgabe letzter Hand wurde von Hauptmann und Behl nachgedacht. Es fanden noch immer Gesellschaften statt, an denen die Dresdner Schauspielerin Virginia Dulon teilnahm; mit ihr kam es zu einer eindrucksvollen Unterhaltung über Schuldgefühl und die Befreiung davon, in der Hauptmann erklärte, frei von jedem Schuldgefühl zu sein. Aber diese Gesellschaften waren ruhiger geworden und widmeten sich großen Themen wie Schauspielkunst, Gott und Religion. Spaziergänge waren eine entspannende Beschäftigung. Der greise Dichter notierte am 30. Juni 1941: „Gestern habe (ich) mein letztes freiwilliges Seebad in diesem Leben genommen." Es kam im Anschluss zu einer Blutung, die den Dichter sehr verstörte, obwohl Dr. Ehrhardt sie nicht ernst nahm. Insgesamt hatte Hauptmann „von Hiddensee diesmal mehr erhofft, als es gehalten". (Hs 3, 35v)

Vom 21. Juli bis zum 30. September 1943 war Gerhart Hauptmann ein letztes Mal auf Hiddensee. Mit Hilfe Arnold Gustavs war der Aufenthalt vorbereitet worden. Margarete Hauptmann hatte mancherlei Sorgen schon brieflich mitgeteilt: Es ging um den Arzt für den Dichter, um Material für die Zentralheizung, um die Ernährung. Obwohl immer noch bevorzugt – „Durch freundliche hohe Beziehungen wird uns die Reise bis Stralsund im Auto ermöglicht" –, schlugen die verheerenden Zustände des Kriegs auch auf Hauptmanns Lebensumstände durch. Dennoch ging die Arbeit intensiv weiter. Heinrich George las auf Wunsch Hauptmanns „Veland" vor. Gemeinsam mit Behl wurden die Korrekturfahnen der „Iphigenie in Aulis" durchgesprochen; die „Hohe Lilie", seit 1937 ein den Dichter beschäftigender Stoff, der jedoch Fragment blieb, bekam eine weitere Variante: Mehrere der Gestalten sollten von Hiddensee kommen. Ein Dichter war „ein ausgelaufener Mönch des Klosters vom Heiligen Geist auf Hiddensee, etwa ein Pafnutius, etwa ein Einsiedler von der gleichen Insel", notierte er am 10. August 1943, und eine Woche später beschrieb er die Kathrin, die den schwedischen König Gustav Adolf heiraten wollte, als „eine entlaufene Nonne, sie stamme von einem Mönche aus dem Kloster auf Hiddensee". Gustav Adolf gefiel der Einfall, denn eine entlaufene Nonne von Hiddensee ähnele der entlaufenen Nonne Katharina von Bora, der Frau Luthers. Die Handlung

Von einer begeisterten Menge verabschiedet legen Gerhart und Margarete Hauptmann im Boot von Kloster ab. Indem ein Teil der Zuschauer die Hand zum Deutschen Gruß erhebt, wird deutlich, was man Hauptmann schuldig zu sein glaubte. Während Margarete in gleicher Weise zu antworten scheint, übt Hauptmann vornehme Zurückhaltung, lässt sich aber die Huldigung gefallen, getreu seiner Haltung „Nu jaja! – Nu nee nee!“

Mit den Nachbarn verkehrte Hauptmann freundlich und zurückhaltend, falls sie nicht zum engeren Freundeskreis gehörten. Sonst war der Kontakt eher distanziert; manche Einwohner der Insel hatten zudem ihre Probleme mit dem selbstbewussten, oft auch eitlen Dichter.

sollte sich auf den Abend und die Nacht des 4. Oktober 1631 konzentrieren und die Trauungszeremonie „in Sinne eines primitiven Krippenspiels" stattfinden: Der entlaufene Mönch aus dem Kloster vom Heiligen Geist auf Hiddensee, Pafnutius, gehe „auf den gewagten Scherz ein, er vollziehe die Trauung mit der zur Protestantin gewordenen Buhlerin".

Am 12. September 1943 nahm Hauptmann am Gottesdienst der Orgelweihe teil, zumal er die kurzen Predigten seines Freundes Gustavs, die nur zehn Minuten dauerten, schätzte, weil sie ihn nicht bei der Versenkung in die Magie des Glaubens störten. Zuvor hatte er schon durch mehrere Besuche sein Interesse an dieser ersten Orgel auf der Insel gezeigt. Die Insel hatte auf Hauptmann wie ein Wunder gewirkt: „Ich bin nun wieder hergestellt – bis zu meinem Tode", erklärte er nach der Rückkehr auf den „Wiesenstein" dem Freunde Behl. Diese Wirkung der Insel hatte er bereits im „Großen Traum" beschrieben: Als das wandernde Ich – ein Alter Ego des Dichters – mit Satanael und geführt von der Kindfrau Hadumoth, die sich ihnen hüllenlos zeigt, im See, der die Insel umgibt, badet, verschwinden die Leiden: „Doch wenn mich dann Bethesdaflut benetzt, / wie sie dies Himmelskind weiß zu erregen, / ist meiner Qual vorerst ein Ziel gesetzt." (11. Gesang). Das endgültige Ziel des Wanderers war der Gang durch das „Erzportal mit meines Namens Zeichen" in die „Wohnung, welche meiner harrt / in jener toten Stadt" (12. Gesang).

Die Voraussage sollte sich erfüllen. Gerhart Hauptmann kehrte erst nach seinem Tod auf die Insel Hiddensee zurück. Noch ehe die geplante Übersiedlung aus dem polnisch gewordenen Schlesien nach Berlin erfolgte – der Sonderzug stand bereit, ein Haus hatte man gewählt –, starb der Dichter am 6. Juni 1946, am 71. Geburtstag Thomas Manns. Ein Begräbnis in seiner schlesischen Heimat war durch die Folgen des Zweiten Weltkriegs unmöglich geworden. Aber schon früher hatte er den Wunsch gegenüber Margarete Hauptmann geäußert, auf dem schlichten Friedhof auf Hiddensee zu ruhen. Unterstützt von der sowjetischen Militäradministration, besonders den Offizieren Sergej I. Tjulpanow und Grigorij Weiss, wurde der Leichnam nach Stralsund gebracht. Die Fahrt in dem Sonderzug, der auch zahlreiche Freunde Hauptmanns beförderte, von Schlesien nach Stralsund wurde eine einzige große Abschiedsfeier für den bedeutenden Dichter. In Stralsund fand am Vortage der Beisetzung eine Trauerfeier statt, auf der neben dem späteren Präsidenten der DDR, Wilhelm Pieck, und Johannes R. Becher, von 1954 bis zu seinem Tod 1958 Minister für Kultur, auch Tjulpanow das Wort nahm: Es wurde eine große Würdigung des Dichters und des Deutschen, der als „der weise Patriarch der deutschen Literatur sich in den Dienst der großen Sache, der demokratischen Wiedergeburt Deutschlands, gestellt“ habe. Dann bewegte sich ein langer Trauerzug zum Hafen. Nach drei Stunden kam das Schiff mit dem Sarg in Kloster an, erwartet von den Hiddenseern. Fischer trugen den Sarg ins „Haus Seedorn“, wo Hauptmann in seinem Arbeitszimmer aufgebahrt wurde. „Ein warmer Julitag neigte sich seinem Ende zu. Und feierlich läuteten die Glocken der alten Dorfkirche und grüßten den Heimgekehrten. In dieser letzten Nacht übernahmen die Fischer von Hiddensee die Ehrenwache.“ (Maria Paudler)

Am 28. Juli 1946, 61 Jahre nach der ersten Begegnung mit Hiddensee, wurde Gerhart Hauptmann in der Stunde vor Sonnenaufgang, erinnernd an das erste Drama „Vor Sonnenaufgang“ und Hauptmanns Hoffnung auf den Beginn eines Morgens aufnehmend, auf dem Friedhof von Kloster beigesetzt, gekleidet in seine Franziskanerkutte. Beigegeben waren ihm, seinem Wunsch entsprechend, das Neue Testament und sein Versepos „Der große Traum“ mit den eigenen Vermerken. Fischer und die Schriftsteller Johannes R. Becher, Gerhart Pohl, Peter Alfons Steiniger und Walter Stanietz trugen

Nach der Trauerfeier in Stralsund wurde Gerhart Hauptmann mit dem Dampfer „Insel Hiddensee“ nach Kloster überführt. Den Sarg und die Witwe des Dichters begleiteten die Vertrauten vom „Wiesenstein“, die Krankenschwester Maxa Mück und der Dichter Gerhart Pohl (ganz links), aber auch Johannes R. Becher (mit Brille).

den Sarg zum Grab. Nicht belegt ist, dass die Fischer mit dem Sarg von „Haus Seedorn“ zum Friedhof schwankten; „immer noch angeduhnt, trugen sie den Sarg so torkelig, dass sie ins Stolpern gerieten“, wie der als Kind zuschauende Freundlich aus Günter Grass“ Roman „Ein weites Feld“ weiß. Sie hätten am Abend zuvor schon den „Leichenschmaus vorweg gefeiert“. Aber Grass’ Roman lässt sich stets auf authentische Vorgänge zurückführen.

Walter Stanietz (1907–1965) machte sich als schlesischer Autor und Hauptmann-Verehrer einen Namen, besuchte Hiddensee, fand dort eine künstlerisch begabte Geliebte zur schon vorhandenen Ehefrau und lebte gerade das, was Hauptmann gern gelebt hätte. Als Stanietz mit Frau und Geliebter eines Tages, wohl im Jahre 1936, zu Besuch in „Haus Wiesenstein“ erschien, hatte Gerhart Hauptmann, nach Erhart Kästner, eine Wiederholung seines Pippa-Erlebnisses.

Arnold Gustavs hielt die Trauerrede über den Text „Ich kenne einen Menschen, der ward entzückt in das Paradies und hörte unaussprechliche Worte, welche kein Mensch sagen kann“ (2. Korinther 12,4), den Hauptmann kurz vor seinem Tod sich vorlesen und anstreichen ließ. Eine große Trauergemeinde hatte sich am Sarg zusammengefunden, an dem nun je vier Professoren der Universitäten Greifswald und Rostock in Talaren die Ehrenwache hielten. Otto Gebühr, bekannt geworden durch seine Darstellung Friedrichs II. von Preußen in Filmen des Dritten Reichs, sprach für die Schauspieler den Dank an Hauptmann. Kantor Heinrich Berg grüßte den Dichter ein letztes Mal von den Hiddenseern.

Ein Baum aus der schlesischen Heimat, aus dem Park des „Hauses Wiesenstein“, wächst an dem Grab. Das Grab ist umgeben von jenen Hiddenseer Namen, die den Dichter beschäftigten: Links neben ihm liegt eine geborene Schluck, ihm gegenüber liegen die Eheleute Schluck, daneben die Eheleute Striesow. So, als wollten die Namen an Hauptmanns

Am 28. Juli 1946, bei Sonnenaufgang, wurde Gerhart Hauptmann auf dem Friedhof in Kloster beigesetzt. Fischer hatten den Sarg von „Haus Seedorn" bis zum Friedhof getragen, wo ihn vier Schriftsteller übernahmen. Der Freund Arnold Gustavs sprach die Trauerrede; Professoren der Universitäten Rostock und Greifswald hielten die Ehrenwache. Unter den Trauergästen waren auch Vertreter der politischen Ordnung wie Wilhelm Pieck und Johannes R. Becher, der Hauptmann im Oktober 1945 in Agnetendorf besucht hatte.

Hiddensee ständig erinnern, die Ankunft 1885, das Leben, das Werk. Aber noch war die Ruhe nicht endgültig, denn bald nach der Beisetzung ließ sich Margarete Hauptmann von einem Architekten anregen, einen Steinkreis von zwei Meter hohen Findlingen am Waldrand zu errichten, in dem die exhumierte Leiche des Dichters beigesetzt werden sollte. Als der Plan kurz vor seiner Verwirklichung stand, erklärte Pfarrer Gustavs, er möchte „den großen Gerhart gerne" bei sich, also auf dem Inselfriedhof behalten. Margarete Hauptmann fügte sich. Der Architekt, der schon die Findlingsblöcke aus der Mauer des Gutsgartens abkaufen wollte, musste unverrichteter Dinge abziehen. Der Freund und Pfarrer Arnold Gustavs hatte den Wunsch des Freundes endgültig erfüllt. 1951 wurde ein Granitblock als Grabstein enthüllt, bezahlt aus Spenden von Studenten der DDR. Das kam dem Ansinnen Margarete Hauptmanns zuvor, das Grabdenkmal von Arno Breker (1900–1991), dem bekanntesten Bildhauer der Nationalsozialisten, der Hauptmann bereits porträtiert hatte, gestalten zu lassen.

Anlässlich des 90. Geburtstags 1952 sollte eine würdige Veranstaltung an Hauptmanns Grab stattfinden. Die Delegation des Schriftstellerverbands, Konrad Schmidt, Ludwig Turek und Herman-Werner Kubsch, zu denen in Stralsund mecklenburgische Schriftsteller stießen, unter ihnen Hans-Jürgen Steinmann, kamen, weil sie seit Stunden nur mit Grog versorgt worden waren, etwas desorientiert auf Hiddensee an. Der von Schmidt und Steinmann getragene Kranz hatte zudem die Eigenart, sich ständig zum Ei zu verformen. Auch regnete es in Strömen. So drohte die Feier ein Fiasko zu werden. Da griff Arnold Gustavs nochmals rettend ein, trat vor die versammelten Gäste und sprach. „Verhalten und mit ganz schlichten Worten erzählte er von seiner langjährigen Freundschaft zu Gerhart Hauptmann ... Ich bewunderte ihn damals tief, wie er so einfach vortrat, ohne Manuskript sprach

und mit wenigen Sätzen Hunderte von Menschen in seinen Bann zwang. Er schaffte es, das Bild eines großen Menschen lebendig werden zu lassen“, berichtete Konrad Schmidt („Neue Entdeckungen auf Rügen und Hiddensee“).
Zum Tode Gustavs am 19. Dezember 1956 schrieb Margarete Hauptmann, nicht wissend, dass sie wenige Tage später selbst sterben sollte: „Ich gedenke in Treue meines verewigten Sternenbruders des 7. Januars.“ Der 7. Januar war Gustavs’ Geburtstag. Nach dem Tode Margarete Hauptmanns 1957 wurde ihre Urne am 6. Juni 1983, dem 37. Todestag Gerhart Hauptmanns, in seinem Grab beigesetzt.
Der Freund Arnold Gustavs in Hauptmanns Leben, wo ist er in Hauptmanns Werk? Gerhart Hauptmann hat die meisten, die seinen Lebensweg begleiteten, oder auch an wesentlichen Stellen kreuzten, als literarische Figur oder mindestens in einem Profil einer literarischen Figur, wenn sie von mehreren geprägt sind, bewahrt. Dabei fällt auf, dass die, die am längsten mit ihm lebten und arbeiteten, im Werk nur am Rande erscheinen. So auch Pfarrer Gustavs. In Hauptmanns Werken gibt es zahlreiche Pfarrer, und manche von ihnen sind recht ironisch gezeichnet. Pastor Immoss in „Vor Sonnenuntergang“ könnte auf Gustavs verweisen, Pastor Pavel im Roman „Der neue Christophorus“ ist ein Gustavs-Porträt. Das kürzeste, aber treffende Bild von Arnold Gustavs gab Hauptmann in einem Entwurf zur Novelle „Phantom“; es entstand 1918, ein Jahr nach der näheren Bekanntschaft: „Heut habe ich mich auf eine kleine Pfarre auf einer Ostseeinsel zurückgezogen, lebe meiner Familie, meiner Gemeinde, meinen Studien und meinen Erinnerungen. Auch meinen Bienen, nicht zu vergessen.“

Hiddensee in Hauptmanns Werk

Sieht man von den Werken der Frühzeit ab, gibt es kaum Bedeutendes bei Hauptmann, das nicht eine Beziehung zu Hiddensee hätte. Immer ist es in den Werken das Hiddensee Hauptmanns, also das Bild, das sich der Dichter von der Insel machte. Entweder sind Textteile, wie 1934 zu „Hamlet in Wittenberg", oder manchmal das gesamte Werk („Iphigenie in Delphi") dort entstanden, Orte haben Pate gestanden, Erlebtes wurde literarisch umgesetzt. Seine Insel, damit auch ihr Abbild in seinem Werk, war die der Geistigkeit, der Künstler und der natürlichen Schönheit, nicht die des Hiddenseer Alltags. Hauptmanns Schwierigkeiten mit den Inselbewohnern dürften auch hier ihre Ursachen haben, denn die noch im ausgehenden 19. Jahrhundert sprichwörtliche Armut der Einwohner, die Torfsodenhäuser und Hütten gehörten nicht zu Hauptmanns Hiddenseebild. Sooft er Hiddensee nannte, sooft er es beschrieb, er hatte wenig für die Geschichte der Insel übrig, sieht man von dem späten Plan eines Hiddensee-Buches ab. Es war für ihn eben das „geistigste aller deutschen Seebäder". In Hauptmanns Dichtungen ist Hiddensee fast geschichtslos, wurde zum Auslöser „mystischer Erschütterungen".

Eine dieser Erschütterungen ging für den Dichter vom Meer aus. Immer wieder finden sich in seinen Tagebüchern leidenschaftliche Bekenntnisse zum Meer: „Perlmuttglänzend das Meer, und ihre Lichtströme (der Sonne, R. B.) weich und himbeerfarben aus dem Unsichtbaren dahinter empor." (13. Juli 1897), aber auch die tosende Flut begeisterte ihn, der Sturm, die Brandung. Besonders aber der Sonnenuntergang im Meer, wie er sich nach seiner Rückkehr von Hiddensee, wo er gemeinsam mit dem Freunde Schmidt war, erinnerte: „Nun standen wir auf den letzten Dünen. Die Sonne ging unter. Es riss mich auf die Knie – aber ich kniete nicht –, wie ich das unaussprechliche Wunder sah." (30. September 1898) Dieses Erlebnis findet sich mehrfach in Hauptmanns Werk wieder, in einem besonders ausdrucksvollen Bild im „Großen Traum": Betend knien Besucher am Strand, „Da schoss Rubin aus einem Inseltore / und machte einen Weg von roten Wein // bis her zu uns." (11. Gesang).

„Veland" (1898–1923) spielt zur Zeit des norwegischen Königs Harald Schönhaar (852–933) auf einer „Schafinsel", „eine flache Ödenei mit spärlichem Graswuchs". Der Schmied Veland tritt aus seiner Schmiede, die sich zum Wasser öffnet, setzt sich auf einen Felsen am Meer, „in die trübe, zur Meereswoge sinkende Sonne starrend und von ihr blutig blass beleuchtet". Aus den Tiefen des Meeres klingt es „wie Saitenklang von goldnen Harfen" – die Erinnerung an das versunkene Vineta stellt sich ein – und in Velands Schmiede – „so viele der Kleinodien sind hier aufgehäuft" – wird kostbarer goldener Schmuck angefertigt, den auch die Tochter des Königs trägt: Es fällt nicht schwer, sich so den Goldschmuck von Hiddensee zu erklären, der um 970/80 gefertigt und nach den Sturmfluten von 1872 und 1874 am Strand gefunden worden sein soll. Heute ist diese These umstritten, meint man doch pfiffige Bewohner Hiddensees hätten die Sturmfluten genutzt, um den bereits früher gefundenen Schatz allmählich öffentlich zu machen und zu verkaufen. Veland löst sich in „einer ungeheuren Helligkeit" auf – erinnernd an die von Hauptmann oft beschworene alles überstrahlende Helligkeit auf Hiddensee, „dieses stumme und mächtige Strömen des Lichtes" („Gabriel Schillings Flucht"), während des Königs Tochter

sein Kind unter dem Herzen trägt, das als neuer König den Thron besteigen wird.
„Gabriel Schillings Flucht“ spielt zu wesentlichen Teilen in der Rettungsstation, in der sich heute das Heimatmuseum befindet, und in einem Gasthof, der dem Schliekerschen von 1885 nachgestaltet ist. Das wird immer wieder genannt, aber auch verdeckte Bilder der Insel gibt es. Sein Stück „Der Bogen des Odysseus“ (1914) spielt auf der Insel Ithaka, die Hiddensee-Züge trägt:

Wälder, ihr umgrünt
Des Felsens Flanke wie ein Vlies! zur Bucht
Ergießt ein Strom sich! Weiden stehen dort
Und Pappeln! Fischer liegen auf dem Fang
Und draußen kreuzen Segel!

Hauptmann plante ein Hiddensee-Buch, wie er den Tagebüchern anvertraute; es wurde nicht ausgeführt. Nur wenige Überlegungen finden sich: Mit einem Goethe-Motto sollte begonnen werden, und dann wollte Hauptmann „die alte, uralte Bevölkerung“ Hiddensees samt dem Kloster zum heiligen Geist aufnehmen. Das geplante Hiddensee-Buch und die „Hohe Lilie“ sind die einzigen Pläne Hauptmanns, sich mit der Geschichte der Insel, bevorzugt der des Klosters, zu beschäftigen.
Auch das Fragment „Die Flieger“ (1923–1938) spielt auf der Insel. In den Tagebuchnotizen wurden Ort und Zeit genannt: „Drama aus Kriegszeit. Haus auf Ostseeinsel.“ Ein Bildhauer sollte mit den Söhnen aus erster Ehe und einer jungen zweiten Frau die Hauptpersonen, Eifersucht eines der Themen sein. Als Hauptmann 1938 die ersten Szenen niederschrieb, verarbeitete er Erlebtes: Von 1928 bis 1935 hatte die Lufthansa einen Flugbetrieb mit Wasserflugzeugen des Typs F 13 zwischen Berlin, Stralsund, Sellin und Kloster betrieben. Dass

Von 1928 bis 1935 betrieb die Lufthansa einen Flugbetrieb mit Wasserflugzeugen des Typs F 13 zwischen Berlin, Stralsund, Sellin und Kloster.

Hauptmann hat in seinem Fragment „Der Flieger" die Details aus dieser Zeit des Flugbetriebs genutzt und verarbeitet; auch andere dort erwähnte Ereignisse, zum Beispiel ein Minenfund am Strand, sind authentisch.

auch die Details des beschriebenen „burgartigen Hauses“ – die Lietzenburg – und die Ereignisse, ein Minenfund am Strand, authentisch sind, hat Arne Gustavs, Enkel von Arnold Gustavs, in einer Studie belegt. Neben den Entsprechungen zu Hiddensee sind es vor allem zwei Details in den wenigen Dialogen, die Hauptmanns Beziehung zu der Insel beleuchten. Sie wird nicht genannt; in einem späteren Entwurf heißt sie „Unrow“. Aber durch Ortsnamen wie „Neuendorf“ und den Blick bis zu den Kirchtürmen Stralsunds ist Hiddensee erkennbar.

In „Der Flieger“ erinnert sich 1917 der Archäologe Professor Manfred Schadow, ein dreiundfünfzigjähriger Mann, dass er vor dreißig Jahren auf die Insel gekommen ist; die Sage gehe, er habe „sie ja entdeckt“. Kaum maskiert ist in Schadow, der sich beim Maler Krell eingemietet hat, Hauptmann zu erkennen, der 1917 in der Lietzenburg wohnte. Nur wenig zeitlich verschoben wird auf den ersten Aufenthalt des dreiundzwanzigjährigen Hauptmann verwiesen. Es scheint, als habe Schadow (Hauptmann) dem Maler Krell (Kruse) die Insel empfohlen. (Krell: „Er ist schuld, dass ich dieses Haus gebaut und hier sitzen geblieben bin.“) Ein Detail verbindet zusätzlich die unterschiedlichen Zeiten und Texte: Schadow erinnert sich, er „habe vor zwei Jahrzehnten zum erstenmal zusammen mit zwei Schweden auf der Insel gewohnt. Wir waren damals die einzigen Gäste. Sie schossen Kaninchen, und ich machte so eine Art Robinson.“ Unter den ausgeschiedenen Passagen des „Buchs der Leidenschaft“ war auch die Eintragung unter dem 8. Juli 1896 auf Hiddensee: „Einige wirkliche Schweden sind übrigens in den höchst primitiven Zimmerchen des einzigen Gasthauses hierorts einquartiert. Die Insel ist einmal schwedisch gewesen.“ 1815 hatte in der Folge des Wiener Kongresses Schweden die Insel an Preußen abgegeben. In „Gabriel Schillings Flucht“ erscheint eine ähnliche Passage: Gabriel Schilling sei „mehr der Typus eines feingeistigen

Schweden als eines Deutschen". Im „Buch der Leidenschaft" war Rauscher „der schöne, junge Mann mit dem weichen, blonden Haar ... Er könnte ein Schwede sein." Dieser „Schwede" ist Hauptmanns Freund Hugo Ernst Schmidt, der die Besuche von 1885 und 1898 auf Hiddensee mitmachte. Im Fragment „Der Flieger" werden ebenfalls die Schweden erwähnt.

Auch tritt der Fliegerleutnant Malte Kraft von der Staffel Richthofen auf, der sich zum Genesungsurlaub auf Hiddensee aufhält. Nach einer Verwundung im Luftkampf von Verdun 1916 verbrachte der historische Krafft Christian Tesdorpf seinen Genesungsurlaub auf Hiddensee, wobei er die Hauptmanns kenmnenlernte, und feierte gemeinsam mit seinen Seeflieger-Kameraden, die er aus Wieck holen musste, „fröhlich Fliegerfeste bis in den leuchtenden Morgen hinein". 1918 stattete Malte Kraft alias Krafft Tesdorpf zweimal den Hauptmanns einen Besuch auf Hiddensee mit dem Flugzeug ab. Mit einem Brief vom 14. Juli 1918, den er beim Überfliegen der Insel abwarf, kündigte er seinen Besuch an, Hauptmann verfolgte am 15. Juli 1918 mit dem Fernrohr das Flugzeug, bis er es nicht mehr sehen konnte. Vermutlich war es das gleiche Fernrohr, mit dem Max Kruse die Nackten am Strand beobachtete, um sie ihrer Strafe zuzuführen. Das Urbild Krafft Christian Tesdorpf (1892–1957) stand in einem engen Verhältnis zu Hauptmann, war Duzfreund und wurde als „fünfter Sohn" behandelt. Noch 1937 sandte er den Hauptmanns eine Porträtfotografie, auf die er schrieb: „Till Eulenspiegel, der Korsar, seinen geliebten Eltern! Abbazia Juni 1937."

Keines der Prosawerke ist so intensiv von Hiddensee getragen wie der Roman „Die Insel der Großen Mutter" (1924). Die „nackten Frauenkörper" auf Hiddensee regten den Dichter an. Insel, das bedeutete die Erfüllung individueller Wünsche und Träume, die sich zu utopischen Entwürfen verdichteten. Seit den frühen ikarischen Plänen finden sich solche Vorhaben, etwa im Roman „Atlantis“ (1912), der auch die Arbeitstitel „Das Schiff“ und „Die Insel“ trug. Insel, dies wurde bereits erläutert, das war für Hauptmann eine Metapher für den Ausgleich eigentlich unvereinbarer Gegensätze. Das höhere Dritte als Beziehung zu Melitta und Anja („Buch der Leidenschaft“), das sind Marie und Margarete, oder als Beziehung zu Margarete und Ida Orloff wurde immer wieder bedacht, so auch in „Die Insel der Großen Mutter“. „Die Landschaft“, so heißt es im Roman, „die zugleich heroisch und lieblich war, konnte recht gut als Garten der Götter genommen werden, die Badenden als die hesperischen Nymphen darin, die den Baum des Lebens mit seinen Hesperidenäpfeln, den goldenen Geschenken der Erde an Hera, bewachten.“ In einem aber unterscheiden sich die beiden Inseln: Phaon, durch den die paradiesischen Zustände entstanden, sieht, wie sich sein Paradies im orgiastischen Taumel deformiert und „in blinder Sicherheit dem köstlichsten Oberflächengenusse“ zudrängt. Er verlässt seine Insel, die seinen Traum von erfüllter Sinnlichkeit nicht auf Dauer wirklich werden lässt.

Gerhart Hauptmann aber kehrte stets auf seine Insel zurück, weil sie ihm zwar die Erinnerung an seine Träume, nicht aber die Wirklichkeit der Träume gab. Zwar ließ sich ein insulares Leben gemeinsam mit Marie, Margarete und Ida denken, aber nicht leben. „Natürlich ist auf jener Insel, in jenem göttlichen Tempelhain und Kult auch die Unvereinbarkeit meiner Liebe zu Melitta und Anja ausgeglichen“, heißt es im „Buch der Leidenschaft“. In Gedanken stieg Hiddensee in Hauptmanns Denken zum „Inselland Aphroditas“ auf, zur Liebesinsel, beschworen mit einer Strophe aus den bacchischen Chören in dem Roman „Die Insel der Großen Mutter“.

Noch einmal wurde eine Insel, ähnlich Hiddensee, in einem Prosawerk genannt: „Siri. Selbstbekenntnisse eines jungen Humanisten“ erschien erst aus dem Nachlass (1967).

Geschrieben wurde die Erzählung als Tagebuch; die Ähnlichkeit mit Tagebuchaufzeichnungen Hauptmanns und dem „Buch der Leidenschaft“ ist verblüffend. Annemarie, so wird Margarete Hauptmann diesmal genannt, gestattet, dass der Erzähler Siri, so heißt diesmal Ida Orloff, in einem Badeort Rügens besucht. Dort soll „die Liebeswunde“ ausheilen. Bei seinen Überlegungen stößt der Erzähler, ein junger Doktor und Privatdozent, immer wieder auf seinen „Inselgedanken“, der ihm Halt gibt. Mit ihm vereint sich die Vorstellung, mit Siri und Annemarie gemeinsam zu leben. Eingeflochten wird eine Orchideen-Geschichte über das Blümchen „Siri“, es ist Knabenkraut.
Der Erzähler teilt mit: „Morgen reise ich über Berlin nach Heringsdorf, von dort mit dem Schiff nach Insel Rügen, um mich schließlich auf einer anderen kleinen Insel absetzen zu lassen, die an der Westseite Rügens liegt. Dort haben sich Siri und ihre Mutter für einige Sommerwochen eingemietet.“ Man trifft sich dann jedoch in Binz. Ist dieser Aufenthalt Siris auf Hiddensee ein Versehen des Dichters, denn Ida Orloff ist mit Hauptmann nicht dort gewesen? Eine Flüchtigkeit? Oder hat sich hier die Frage gestellt, wie es mit Ida Orloff gewesen wäre? Wir wissen es nicht; die Stelle bleibt unklar. Die Trennung von Ida Orloff, von Siri, von Minka vollzog sich auf Rügen, in Göhren und Binz. Diese Trennung hat eine parodistische Variante bekommen. In Felix Lützkendorfs Schauspiel in zwölf Bildern „Gerhart H.“ erscheint nicht Gerhart Hauptmann an der Landebrücke in Göhren, um Ida Orloff zu treffen, sondern Margarete, „im weißen Sommerkleid, Strohhut auf dem Kopf, Sonnenschirm in der Hand“, weil Gerhart seinen Mittagsschlaf hält. Die beiden Frauen verabschieden sich verständnisvoll. Ida Orloff geht nach Wien, um dort die Pippa zu spielen, Margarete mit Gerhart, der inzwischen eingetroffen ist, „nach Haus. – Der Kaffee ist fertig.“ Die Affäre ist beendet.

Eine besondere Bedeutung bekam Hiddensee in Hauptmanns Leben und Schaffen die monumentale Dichtung „Der große Traum“, die der Dichter als seinen „Faust“ und als seine „Göttliche Komödie“ betrachtete. Es war Hauptmanns Beschreibung des Weges in die Unsterblichkeit, beginnend 1871, an jenem Zeitpunkt, den Hauptmann mehrfach als Begrenzung seines bewussten Lebens genannt hatte. Deshalb musste die Dichtung, obwohl sie 1942 vorläufig abgeschlossen wurde, Fragment bleiben. Gerhart Hauptmann wollte den „Großen Traum“ als einziges seiner Werke, neben dem Neuen Testament, ins Grab gelegt haben, das Werk ist voller verschlüsselter Informationen über Leben, Denken und Dichten. Auch Hiddensee hat darin seinen Platz bekommen. Im Zentrum der Fassung von 1942, im 11. und 12. Gesang von 22 Gesängen, begibt sich das eine Lebenswanderung vollziehende Ich an der Seite Satanaels, Gottes ältestem Sohn, von der Wartburg aus zu einem See, in dem die Totenstadt liegt. Hier findet sich eine Insel: Der Wanderer trägt wie der Dichter bei seinen Uferspaziergängen auf Hiddensee eine Franziskanerkutte. Die Kindfrau Hadumoth gesellt sich zu ihnen, den Namen trägt eine literarische Gestalt in Scheffels Roman „Ekkehard“. Der Name könnte – wie die Hauptmannforschung (Tagebücher 1914 bis 1918, S. 423) ermittelt hat – eine Erinnerung an die Tochter Bernhard Wilms (1872–nach 1953) sein, der zum schlesischen Freundeskreis Hauptmanns gehörte und dessen Frau bei der Geburt der Tochter 1918 starb. Hadumoth begleitet sie und „Dann kam ein grauer See und ihm inmitten / die Insel, hoch gezackt von jener Stadt, / die ewigen Tod im ewigen Krieg erlitten.“ Die Insel wird zum „Paradies“, in dem „Gottes Herden“ weiden, und Hadumoth, die ein von Hauptmann immer ersehntes Frauenbild verkörpert, erscheint in „hüllenloser Reine“, und führt den Wanderer und seinen Begleiter durch den „Wundersee“ in die Totenstadt. – Diese 1919/1920 entstandene Passage stammt aus

der Zeit, als Hauptmann die Lietzenburg kaufen wollte, deren turmartiger Aufbau von der See her gesehen wurde. Zum „grauen See“ – dem Bodden – gibt es die Entsprechung „flutwärts“ mit dem „Geläut im Silberkies“, die Ostsee, in der sich der Dichter sein Vineta träumte, dessen untergegangene Glocken man hin und wieder auf Hiddensee zu hören meinte. Auch hat der Dichter bereits damals an seine letzte Ruhestätte gedacht, denn auf dieser Insel findet der Wanderer „ein Erzportal mit meines Namens Zeichen“ an der „Wohnung, welche meiner harrt“. Schon 1919 hatte er auf Hiddensee auch ins Tagebuch eingetragen: „Hier ist völliger Einklang mit der Natur und dem Tode.“ (16. Juli 1919)
Die Hiddenseer Hausmarken, das spezielle Merkmal der Insel, erscheinen im „Großen Traum“ stilisiert und verbunden mit dem Zeichen aller Polarität Yin und Yang als Symbol: ein „steinern Ei, / halb schwarz, halb weiß ... fast über jedem Haustor“. (CA 4, 1033) Selbst der Freund Arnold Gustavs wird erwähnt, wenn gefragt wird, wer die Geheimnisse der Insel lüftet „in Zeichen und in Zeilen. / Wer hebt wohl diesen ungeheuren Hort / von Runen, Hieroglyphen und von Keilen?“ Arnold Gustavs war nicht nur Inselpfarrer, sondern ein anerkannter Keilschriftenforscher; er und Hauptmann hatten sich im Sommer 1917 kennengelernt, bereits 1918 war zwischen beiden eine dauernde Freundschaft entstanden.

Dieses Hiddensee ist Gerhart Hauptmanns Werk: Es konnten nur Andeutungen gemacht werden. 1941 schrieb Hauptmann mehrere Gedichte über die Insel. Eines von ihnen ist im wesentlichen Erinnerung an den unerfüllten Traum, eine Kindfrau zu besitzen („Ihr junger Körper stand im ersten Blühen. / Er sprach zu mir: So alt ich immer werde, / ich kann nur einmal, nur an dir erglühen, / und Wüste ist mir, außer dir, die Erde.“); ein anderes, geschrieben am 17. Juni 1941 an der Nordküste Hiddensees, soll am Ende stehen:

Durch des Äthers blaues Schweigen
geht Bewegung grüner Bäume,
und ein Rauschen in den Zweigen
mischt sich in der Brandung Schäume.
Und ein kleiner Vogel kündet
alles dies mit seinem Liede,
das in meinem Herzen mündet;
und so blüht um mich ein Friede.

Gerhart Hauptmann erfährt zu seinem 75. Geburtstag 1937 zahlreiche Ehrungen, die von der Feier in Berlin am 15. November bis zur Verleihung des Ehrenzeichens für Kunst und Wissenschaft durch den österreichischen Bundespräsidenten im Dezember in Wien reichen. Auf Hiddensee war er in diesem Jahre nicht, auch wenn Chroniken und Biografien das angeben. Erhart Kästner gab seiner Unzufriedenheit mit dem Trubel, den Hauptmann suchte und wünschte, in einem Brief an Elisabeth Jungmann Ausdruck und meinte, eine Geburtstagsfeier im Kreis der Freunde im „Haus Wiesenstein" wäre wünschenswerter gewesen.

Quellen

Gedichte von Gerhart Hauptmann:
S.53: „Die Mondscheinlerche"
S.134: „Die Insel"
S.156: „Durch des Äthers blaues Schweigen"

Literatur

Gerhart Hauptmann: Sämtliche Werke (Centenarausgabe), hrsg. von Hans-Egon Hass und Martin Machatzke. Frankfurt/Main, Berlin 1962–1974 (Zitiert CA mit Band- und Seitenangabe)

Gerhart Hauptmann: Notizkalender 1889–1891, Tagebuch 1892–1894, Italienische Reise 1897. Tagebuchaufzeichnungen, Tagebücher 1897–1905, Diarium 1917–1933, hrsg. von Martin Machatzke. Tagebücher 1906–1913. Mit dem Reisetagebuch Griechenland-Türkei 1907, hrsg. von Peter Sprengel. Frankfurt/Main, Berlin 1976–1994.

Gerhart Hauptmann: Laßt uns etwas Stilles lieben. Gedichte. Pastelle von Ivo Hauptmann. Mit einem Text von Sonja Kühne und Harriet Hauptmann. Fischerhude 1995

Behl, C. F. W.: Zwiesprache mit Gerhart Hauptmann. Tagebuchblätter. München 1948

Behl, C. F. W. und Felix A. Voigt: Chronik von Gerhart Hauptmanns Leben du Schaffen. Bearbeitet von Mechthild Pfeiffer-Voigt. Würzburg 1993

Bernhardt, Rüdiger (Hrsg.): Gerhart Hauptmann „Nu jaja! – Nu nee nee!". Beiträge eines Colloquiums. Lübecke-Travemünde 1998 (Travemünder Protokolle Band 4)

Bernhardt, Rüdiger: „... geschehen ist der Götter Ratschluss". Gerhart Hauptmanns Delphi lag auf Hiddensee. Der Dichter in der Zeit von 1933 und 1945. Halle 2006

Bernhardt, Rüdiger: Gerhart Hauptmann. Eine Biografie. Fischerhude 2007

de Bruyn, Wolfgang und Antje Johanning: Gerhart Hauptmann und seine Häuser. Ein literarischer Reiseführer. Kunersdorf 2007

Cibulka, Hanns: Seedorn. Tagebucherzählung. Halle/Saale 1985

Erdmann, Gustav: Einige pommersch-rügensche Motive in Gerhart Hauptmanns Schaffen. Quellenkundliche Untersuchungen. In: Greifswald-Stralsunder Jahrbuch, Band 5. Rostock 1965, S.211–277

Erdmann, Gustav: Führer durch die Gerhart Hauptmann-Gedächtnisstätte Kloster auf Hiddensee. Rostock 1959 (2. Auflage) und 1965 (4. Auflage)

Erdmann, Gustav: Gerhart Hauptmann und die Kruses. In : Greifswald-Stralsunder Jahrbuch, Band 2. Schwerin 1962, S.243–256

Erdmann, Ulrich: Vom Naturalismus zum Nationalsozialismus? Zeitgeschichtlich-biographische Studien zu Max Halbe, Gerhart Hauptmann, Johannes Schlaf und Hermann Stehr. Mit unbekannten Selbstzeugnissen. Frankfurt am Main, Berlin, Bern, New York, Paris, Wien 1997

Ewe, Herbert: Hiddensee, Rostock 1983

Faust, Manfred: Das Capri von Pommern. Geschichte der Insel Hiddensee von den Anfängen bis 1990. Rostock 1990

Gustavs, Arnold: Gerhart Hauptmann und Hiddensee. Kleine Erinnerungen. Mit Briefen von Gerhart und Margarete Hauptmann und einem Nachwort, hrsg. von Gustav Erdmann. Schwerin 1964 (2. durchgesehene Auflage)

Hiller von Gaertringen, Julia Freifrau (Hrsg.): Perseus-Auge Hellblau. Erhart Kästner und Gerhart Hauptmann. Briefe, Texte, Notizen. Bielefeld 2004

Kühne, Sonja: Gerhart-Hauptmann-Gedenkstätte in Kloster. Berlin 1992

Negendank, Ruth: Hiddensee. Die besondere Insel für Künstler. Fischerhude 2005

Schmidt, Konrad: Neue Entdeckungen auf Rügen und Hiddensee. Leipzig 1989 (2. Auflage)

Seydel, Renate (Hrsg.): Hiddensee. Ein Lesebuch. Frankfurt/Main, Berlin 1991 (3. Auflage 1993)

Sprengel, Peter: Abschied von Osmundis. Zwanzig Studien zu Gerhart Hauptmann. Dresden 2011 (Hauptmanniana Band 5), darin besonders: Ariel und Gudrun

Sprengel, Peter: Der Dichter stand auf hoher Küste. Gerhart Hauptmann im Dritten Reich. Berlin 2009

Wächter, Hans-Christof; Teufel, Heinz: Hiddensee. Eine Insel für jede Jahreszeit. Hamburg 1992

Es wurden Eintragungen aus den unveröffentlichten Tagebüchern von 1933 bis 1945 verwendet. Die Abschriften stellte Bernhard Tempel zur Verfügung, dem ich ebenso danke wie der Staatsbibliothek zu Berlin Preußischer Kulturbesitz, die die Genehmigung zur Verwendung erteilte.

Der Autor

Rüdiger Bernhardt, geb. 1940 in Dresden, Studium der Germanistik, Kunstgeschichte, Nordistik und Theaterwissenschaft in Leipzig. Er promovierte 1968 und erwarb 1978 den Grad eines Dr. sc. phil. Hochschullehrer in Halle an der Saale, Kiel und Szczecin bis 1998, wissenschaftlicher Berater, Herausgeber und Autor bis 2003 in einem Schulbuchverlag. Zahlreiche Veröffentlichungen zur deutschen Literatur nach 1800. Von 1994 bis 2008 war er der erste Vorsitzende der Gerhart-Hauptmann-Stiftung Kloster auf Hiddensee. 1999 wurde er in die Leibniz-Sozietät e.V. gewählt.

Bibliografische Information der Deutschen Bibliothek

Die Deutsche Bibliothek verzeichnet diese Publikation in der Deutschen Nationalbibliografie; detaillierte bibliografische Daten sind im Internet über <http://dnb.ddb.de> abrufbar.

ISBN 978-3-8319-0471-6

Redaktion: Claudia Schneider, Hamburg
Gestaltung: BrücknerAping Büro für Gestaltung GbR, Bremen
Lithografie: Griebel-Repro, Hamburg
Gesamtherstellung: CPI books GmbH, Leck
www.ellert-richter.de

Bildnachweis

akg-images, Berlin: S. 13, 23 u.
bpk, Berlin: S. 23 o., 27, 29 (SBB/Boedecker), 31, 35, 51 u., 123, 157 und Titel v. u. (Carl Weinrother)
Kurt Dittmann, Kloster/Hiddensee: S. 47, 48 o., 51 o., 58, 69, 115 o., 138 (beide)
dpa Picture-Alliance GmbH, Frankfurt: S. 102
Gerhart-Hauptmann-Haus, Kloster/Hiddensee: S. 33, 91, 93, 96, 107 u., 113, 125, 141, 143 (beide)
Eggert Gustavs, Neuruppin: S. 63 (beide)
Familie Gustavs, Kloster/Hiddensee: S. 110
Heimatmuseum, Kloster/Hiddensee: S. 14, 17, 18, 41, 48 u., 57, 61, 67, 70 (beide), 74, 75, 78, 81 o. (Sammlung Kallius, 81 u., 83, 86 (Familie Hirschberg), 88 (Biologische Station der Universität Greifswald), 107 o., 115 u., 149 (beide Familie Hirschberg)
Georg Jung, Hamburg: 8/9, Titel v. o. und Titel hinten

Titel: Das Gerhart-Hauptmann-Haus („Haus Seedorn") in Kloster/Hiddensee; Gerhart Hauptmann 1937
Rückseite: Steilküste an der Nordspitze von Hiddensee